语言评价与文学主题

周今由　道晓蕾◎著

四川大学出版社

图书在版编目（CIP）数据

语言评价与文学主题 / 周今由，道晓蕾著. — 成都：四川大学出版社，2024.6. — （语言与应用文库）.
ISBN 978-7-5690-6983-9

Ⅰ．H0-06

中国国家版本馆 CIP 数据核字第 2024V3M438 号

书　　名：	语言评价与文学主题
	Yuyan Pingjia yu Wenxue Zhuti
著　　者：	周今由　道晓蕾
丛 书 名：	语言与应用文库

丛书策划：张宏辉　黄蕴婷
选题策划：敬铃凌
责任编辑：敬铃凌
责任校对：余　芳
装帧设计：墨创文化
责任印制：王　炜

出版发行：四川大学出版社有限责任公司
　　　　　地址：成都市一环路南一段 24 号（610065）
　　　　　电话：（028）85408311（发行部）、85400276（总编室）
　　　　　电子邮箱：scupress@vip.163.com
　　　　　网址：https://press.scu.edu.cn
印前制作：四川胜翔数码印务设计有限公司
印刷装订：四川省平轩印务有限公司

成品尺寸：170 mm×240 mm
印　　张：12
字　　数：195 千字
版　　次：2024 年 6 月 第 1 版
印　　次：2024 年 6 月 第 1 次印刷
定　　价：60.00 元

扫码获取数字资源

四川大学出版社
微信公众号

本社图书如有印装质量问题，请联系发行部调换

版权所有 ◆ 侵权必究

序　言

　　本书以系统功能语言学语篇语义层的评价系统为工具，分析了《包身工》《春蚕》《为奴隶的母亲》《丈夫》等文学作品，并以评价资源分布的前景化特征为依据，将语言资源的使用与文学主题相联系讨论，是一部评价文体学的实证研究作品。

　　本书对相关文学作品进行了系统和细致的分析。其系统性一方面体现在对评价各子系统资源的使用规律的探究上，另一方面体现在对评价意义和经验意义（评价主体和评价对象）"耦合"（coupling，Martin 2010）的关注上，规避了仅分析评价意义本身的研究局限。此外，本书采取了极其细致的数据标注，聚焦目前评价系统所描述的最精密的意义选择，并借助语料库的工具探索小说作者做出的选择规律。

　　本书呈现的研究发现主要基于作者周今由硕士项目的数据分析，是彭宣维教授国家社会科学基金项目的一部分。阅读书稿，让我想起十几年前和老周一起在北京师范大学读书的时光，对分析问题的反复讨论和推敲至今仍历历在目。今受邀为他第一部专著作序，甚是惶恐。一方面因为自己才疏学浅，另一方面老周这十年的学术精神一直是我学习的榜样。从读研到读博，老周的每次选择都异常艰难，但万幸的是他的努力最终都开花结果了。

　　本书是老周的第一部专著，期待他未来更多的产出，为功能语言学的发展添砖加瓦；也期待本书的内容对读者有所启示，激发更多的学者关注汉语评价系统的建设。

张冬冰

2024 年 3 月

前　言

　　评价系统为语篇分析开辟了新途径，并在此领域得到了广泛应用。在语篇分析中，评价意义通过评价资源体现，这种评价可以是单一的声音，也可以包含多种声音。作为带有评价意义的语言表达形式，评价资源包括字词、词组、短语或句子等。现有的评价研究主要从词汇和语法层面分析文学语篇中存在的评价意义，但尚未深入探讨这些评价意义背后的深层含义。此外，即使是在相似的文学语篇中，评价资源的数量、比例和频率等分布特征也不尽相同，这些特征反映了什么规律？它们是否与文学主题相关？带着这些问题，本书提出一个假设：评价资源按照一定的规律评价人物、事物、事件、场景等内容，以显著的评价资源为导向，突出作者的评价动机和文学语篇的潜在主题。

　　"主题"在语言艺术作品中代表了作品表达的最深层意义，是语言模式之间相互联系所表达的深层意义，本质上是对语篇具体意义的高度概括。主题可以视为对人类生活某一方面的假设或反思。从具体到概括意义的研究揭示了某些语法特征赋予文学语篇艺术价值的方式，例如，《必然之子》中转述句和引述句的运用不仅增强了其艺术价值，也展示了语言如何表达复杂的主题和情感。同样，研究还指出了文体特征如何为文学语篇赋予独特的艺术特点，例如，《乡村鳏夫》通过各种前景化模式，突出了主人公孤独悲伤的生存状态（Hasan 1989）。那么，文学语篇在多大程度上以何种方式说明潜在的主题呢？

　　本书以评价系统和功能文体分析为理论框架，深入分析了《包身工》《春蚕》《为奴隶的母亲》《丈夫》等文学语篇，研究文学语篇的评价特征分布，重点研究语篇中具有显著特征的评价资源与作者的评价动机之间的关系。本书将详细探讨文学语篇中评价资源的分布情况，考察这些资源与评价者或被评价者的关系，识别哪些评价资源具有显著特征并占据主导地位，并揭示这些资源背后的评价动机。

同时，本书以语言艺术符号系统模型为指导，探索语言评价与文学主题之间的深层联系。具体而言，本书分析文学语篇中评价资源的分布特征、评价者和被评价者的评价动机、占主导地位的评价范畴是如何相互作用以凸显文学主题的。换言之，本书探讨了态度、介入和级差系统下的评价资源是如何在评价者和被评价者的影响下突出特定的评价意义，如何赋予语篇更高层次的意义，进而突出文学语篇的核心主题。

目　录

第 1 章　概　述 ……………………………………………… 001
　1.1　引言 ………………………………………………………… 003
　1.2　目的与方法 ………………………………………………… 004
　1.3　各章内容简述 ……………………………………………… 006

第 2 章　语言研究与文学研究 …………………………… 009
　2.1　语言评价的研究路径 ……………………………………… 011
　2.2　文学主题的研究路径 ……………………………………… 014
　2.3　小结 ………………………………………………………… 017

第 3 章　评价系统与功能文体分析 ……………………… 019
　3.1　评价系统 …………………………………………………… 021
　3.2　功能文体分析 ……………………………………………… 027

第 4 章　态度意义与评价主旨 …………………………… 033
　4.1　情感资源与人物评价 ……………………………………… 035
　4.2　判断资源与人物评价 ……………………………………… 060
　4.3　鉴赏资源与环境评价 ……………………………………… 089

第 5 章　介入意义与评价主旨 …………………………… 101
　5.1　话语收缩及其评价动机 …………………………………… 103
　5.2　话语扩展及其评价动机 …………………………………… 126

第 6 章　级差意义与评价主旨⋯⋯⋯⋯⋯⋯⋯⋯⋯⋯⋯⋯⋯⋯ 143
　　6.1　数量资源及其评价动机⋯⋯⋯⋯⋯⋯⋯⋯⋯⋯⋯⋯ 145
　　6.2　强度资源及其评价动机⋯⋯⋯⋯⋯⋯⋯⋯⋯⋯⋯⋯ 153
　　6.3　聚焦资源及其评价动机⋯⋯⋯⋯⋯⋯⋯⋯⋯⋯⋯⋯ 164

第 7 章　结　语⋯⋯⋯⋯⋯⋯⋯⋯⋯⋯⋯⋯⋯⋯⋯⋯⋯⋯ 171

参考文献⋯⋯⋯⋯⋯⋯⋯⋯⋯⋯⋯⋯⋯⋯⋯⋯⋯⋯⋯⋯⋯ 177

后　记⋯⋯⋯⋯⋯⋯⋯⋯⋯⋯⋯⋯⋯⋯⋯⋯⋯⋯⋯⋯⋯⋯ 182

第1章

概 述

第 1 章 概 述

本书基于评价系统（Martin & White 2005；Hood 2010）和功能文体分析理论（Halliday 1973；彭宣维 2014）进行研究，通过分析英汉平行语料库中文学语篇评价资源，并结合文学语篇的评价对象（评价者与被评价者），探讨评价资源分布特征具有哪些规律，重点讨论具有显著特征的评价资源如何突出文学主题。本章旨在引述研究背景、目的和方法，并概述本书的主要内容。

1.1 引言

彭宣维教授在开展评价系统研究的基础上，主持了 2007 年度国家社科基金项目"评价理论在文体学上的应用及评价语料库的研制"。通过这项工作，建立了汉英平行评价意义语料库（彭宣维等 2015），并创立了评价文体学（彭宣维 2015）。汉英平行评价意义语料库涵盖了小说、散文和百科等共 11 类文本，为学术写作、创意写作、政论写作和双语翻译教学等领域提供了关于人际意义的判断标准和参考实例。

评价语料库的研制是语言学领域的前沿研究，汉英平行评价意义语料库的研制为本书提供了坚实的基础。该语料库的检索功能有助于系统地探讨 26 个评价范畴内所有的评价资源。以文学语篇为例，语料库的统计功能可以客观地展示每个评价范畴内评价资源的数量和占比。然而，这些还不足以深入解释评价资源与文学主题的内在联系。

在文学批评中，"主题"是一个核心研究议题。例如，在权威期刊《文学评论》中，有 41 篇论文的标题中包含"主题"二字，这些论文探讨了从幸福到别离、英雄主义和自由等众多主题；而涉及文学主题讨论的论文总数达到 89 篇。这些建立在主题概念上的研究，用以总结诗歌和小说中作者反复提及的话题，或者作者的关注点，如海子诗歌中反复出现的死亡与痛苦、幸福与美丽的主题（臧棣 2014）。在文学批评领域内，以往的主题研究多结合叙事学和文体学来探讨主题阐释的多种可能性，然而，目前鲜有研究从语言评价的角度深入揭示文学语篇的深层次主题（彭宣维 2015；黄荷 2021）。

文学批评是在文学阅读的基础上，结合了感性体验和理性分析的一种阐释评价活动，其功能在于通过对文学作品①的分析和评价，表达出特定的价值观念与理想，由此对社会产生直接或间接的影响（王一川 2011：21-23）。文学批评将文学语篇本身作为研究对象，如《理解诗歌》（Brooks & Warren 2004），提出从作品本身出发进行科学解读、客观批评的研究方法，这与功能语言学重视语篇分析的方法论相契合。

语言评价是功能语言学的一个重要研究点，旨在通过分析语篇中具有评价意义的语言资源，从而揭示各类语篇中的态度和立场（Martin & White 2005；Martin & Rose 2007）。语言评价的分析单位可以是词汇（Martin & Rose 2005），也可以是语法句型（苏杭、卫乃兴 2017），还可以是语篇（Hunston & Sinclair 2000；Bednarek 2008；Hood 2010）。语言评价的主要功能在于表达说话者的观点，传达说话者的价值体系（Hunston & Thompson 2000：6-13）。然而，现有的评价研究往往局限于评价意义的判断和立场的表达，过于强调作者或讲话者在选择评价资源时的意图，但未能揭示语篇背后的潜在主题和整体评价动机。

本书正是在此背景下，以评价系统和功能文体分析理论为基础，从该语料库中选取文学语篇《包身工》《春蚕》《为奴隶的母亲》《丈夫》作为研究对象。遵循语言符号系统和语言艺术符号系统的理念，本书旨在探讨文学语篇如何利用评价资源来表达潜在的主题，阐释文学语篇的评价动机，并揭示语言评价与文学主题之间的内在关系，试图为文学批评提供一种新的研究路径。

1.2 目的与方法

文学语篇中的语言资源总是按照一定的数量、占比和频次等分布特

---

① 鉴于系统功能语言学对文学作品进行语篇分析时的传统称法，本书将文学作品称作文学语篇。

征，对人物、事物、事件、场景等内容进行评价。但是，这些语言资源的分布特征具有什么规律，如何反映作者的评价动机，是否揭示了文学语篇的主题，这些问题尚未有研究明确回答。鉴于此，本书重点探讨文学语篇如何利用语言资源来表达作者的评价意图和潜在的文学主题，旨在揭示语言评价与文学主题之间的内在关系，以期为文学批评提供一种新的研究路径。

本书有以下两个主要研究目标。

第一，系统描述态度、介入和级差资源的分布特征。

第二，揭示态度、介入和级差资源如何突出作者的评价动机和语篇主题。

本书采用定性和定量相结合的方法，以评价系统（Martin & White 2005；Hood 2010）和功能文体分析理论（Halliday 1973；彭宣维 2014）为研究基础，以语言艺术研究框架（Hasan 1989）为指导，结合评价资源的评价者和被评价者，建立一个适合文学语篇的研究框架。接着，再从北京师范大学汉英平行评价意义语料库中选取部分文学语篇作为研究语料，统计这些文学语篇中评价资源的分布特征，并探讨评价资源与文学主题之间的内在关系。

现有的评价意义语料库已完成标注工作，涵盖中文和英文两种标注。通过 AMParaConc 软件可以检索任何一个语篇内所有的评价资源，也可以检索单个语篇内特定评价范畴的评价资源。AMParaConc 软件能够清晰地呈现某个语篇中评价资源的分布特征，但无法解释评价资源在协同合作的情况下如何前景化某个评价范畴，也无法解释评价资源的分布特征与深层次的主题之间的联系。

因此，研究中引入了评价者和被评价者的分析维度，以对所选语料的评价资源进行二次分类和统计。

第一步，借助语料库的"特征统计"选项，对所有文学语篇的分布特征进行对比，按照态度、介入和级差三个评价范畴的数量和占比选择比较相似的文学语篇。

第二步，利用 Word 文字处理软件对单个文学语篇的评价资源进行重新编排，即根据 26 个评价范畴下的检索结果，对文档进行重新分类，并在每个文档中对包含评价资源的语句进行排序。

第三步，根据评价者和被评价者两个维度对这些评价资源进行二次分类，以文学语篇的人物或事物为被评价者制作 Word 表格。具体而言，在某个被评价者的表格内，根据评价资源的来源确定评价者，分别将相关的评价资源归类至 26 个评价范畴内。例如，假设将语篇《丈夫》的人物"七丫头"视为被评价者，可以制作一个表格。表格的纵列说明评价来源，即来自哪位评价者，例如七丫头自己、七丫头丈夫、水保、掌班大娘和小说作者沈从文等；横排则分别说明在 26 个评价范畴下存在哪些相关的评价资源，与纵列的评价者相对应。如果有多个人物或事物被评价，可以制作多个表格。

第四步，根据上述表格，按照 26 个评价范畴，分别统计与被评价者相关的评价资源，并制作 Excel 表格。具体来讲，按照特定的评价范畴进行统计，人工检索哪些评价资源与被评价者相关，又来源于哪些评价者。以恰当性的检索为例，先检索语篇中有哪些评价资源与被评价的人物相关，再统计数量和占比，并将结果录入 Excel 表格。对于每个评价范畴，都进行类似的操作，统计与被评价者相关的评价资源的数量和来源。

第五步，厘清评价资源的来源、数量和占比，并对这些评价资源与评价者和被评价者的关系进行讨论。根据语言艺术研究框架，说明语言评价如何服务于语言艺术表达，即不同的评价资源如何共同服务于深层次的主题，如何阐释作者的评价动机。

1.3　各章内容简述

本书借鉴评价系统和功能文体分析的理论基础，尝试从评价系统视角分析文学语篇。将文学语篇视为作者根据整体的或局部的评价主旨，有意地选择评价资源进行文学创作的产物。此外，文学语篇的评价研究不能局限于评价资源的探讨，更应该探索评价资源对于文学语篇产生的作用。

鉴于此，本书将梳理文学研究和语言研究的关联路径，建立适用的理论框架，并重点讨论语言评价如何突出作者的评价动机或评价主旨。本书共分为以下 7 章。

  第 1 章是概述,简要介绍本书的研究背景、研究目的、研究方法和书章结构。第 2 章是语言评价和文学研究的文献综述,系统阐释语言评价的研究路径,以及文学主题的研究路径。第 3 章是评价系统和功能文体分析理论的详细阐释,旨在建立理论框架。第 4 章探讨态度资源与主要人物的形象、品质和行为,以及与环境事物之间的关系。第 5 章从话语空间的收缩和扩展方式出发,探讨不同声音如何揭示作者的评价动机。第 6 章围绕数量、强度和聚焦三个范畴讨论评价资源如何突出作者的评价动机。第 7 章在进一步总结和阐释的基础上,归纳语言评价与文学主题的研究结论。

第2章

语言研究与文学研究

2.1 语言评价的研究路径

2.1.1 评价单位与方法

语言评价是自20世纪60年代以来在功能语言学框架内发展而来的重要议题，属于人际意义范畴。语言评价具有三个功能：一是表达讲话者或作者的观点，这样可以反映个人或者社团的价值体系；二是构建和维持讲话者与听众、作者与读者之间的关系；三是组织语篇（Hunston & Thompson 2000：6）。语言评价强调语篇的互动，人们社会关系的协商，向听众或读者传达我们对事物和人的感受。

经过国内外学者几十年的发展，至少已形成三种研究理论，分别是评价系统（Martin & White 2005；Martin & Rose 2007）、型式语法与局部语法（Hunston & Sinclair 2000；苏杭、卫乃兴 2017；苏杭、卫乃兴 2020）以及元话语（Hyland 2005；Hyland & Jiang 2022）等。上述研究的分析单位存在差异，但研究方法存在共同之处，都需要语料库的辅助。

评价系统的研究以词汇为主，同时兼顾一些特定句型。具体而言，词汇的态度意义可以由独立的字词承载，例如，The captain felt **sad**/**happy**；也可以由特定句型触发，例如，It was **silly** of/for them to do that，该句型用以判断某个人的行为。评价系统的研究并非只分析直接表达态度意义的词汇，还分析间接表达态度意义的字词和短语。例如，"老通宝背脊上热烘烘地，像背着一盆火"，句中出现的形容词和短语都间接说明小说主人公的情感愉悦程度偏低。评价系统的定量研究多数停留于26类评价资源的分布统计，或者与评价对象相关的评价资源的分布统计。这样的研究可以说明作者在描写人物或场景时对于评价资源的选择倾向，有利于揭示作者如何刻画人物性格、渲染场景，但无法揭示文学语篇的主题，尚不能说明文学语篇中深层次的或潜在的主题是什么（彭宣维 2014）。

型式语法和局部语法都致力于研究具有特定意义的语言实例。例如，在表达评价意义的局部语法中，例句 He was stupid about real life 中成分的功能标签依次是"评价客体+链接+评价+范围"。这类研究既强调功能分析，也重视传统的语法分析，在语料库的辅助下，能客观反映特定语义领域某些语言实例的功能，有助于提升语言学习者对评价语言的掌握和应用能力。然而，每个型式语法和局部语法只描写一个特定的语义领域，例如道歉或致谢（Su et al. 2021；Su et al. 2022），且这类语法包含多种型式。例如，评价局部语法包含多种型式，除了"评价客体+链接+评价+言行""评价客体+链接+评价+受事"等型式，还有多种其他型式。这意味着在语料识别的过程中，只有选定的型式可以被识别，未被选定但依旧可以实现相同功能的型式无法被识别。

元话语是指用来协商语篇互动意义的自我反省表达形式，能够帮助作者或讲话者表达观点，并与作为社团成员的读者进行互动（Hyland 2005：37）。元话语的研究也是以词汇和短语为主，辅助于语料库的统计与分析。它关注以读者为导向的交互类（interactive）元话语（如表示句间关系的过渡标记语 in addition）和以作者为导向的互动类（interactional）元话语（如增强作者语气的语气加强词 in fact）。在学术写作、商务写作等领域中，元话语具有重要的作用，它反映了作者组织语篇、表达态度与评价、与读者互动的能力。从这里可以看出，元话语研究的语言资源主要指向当前语篇、作者和读者，尚未涉及用来说明人的品性和行为、事的性质和物的价值的语言资源（王振华、吴启竞 2020：54），尚无法说明文学语篇中与人物性格、事物价值相关的评价资源，也无法揭示这些评价资源背后隐藏的评价动机。

2.1.2 评价动机

任何语篇均以某种方式带有态度或立场特征，即使独白也带有评价立场（彭宣维 2010：55）。具体到文学语篇，它们也具有评价动机。但语篇以何种方式阐明其态度或立场，这个问题在评价研究中的答案不尽相同，存在着差异。

相同的地方在于，评价系统、元话语和型式或局部语法的研究都反映

第 2 章 语言研究与文学研究

了语篇的对话性质，这与巴赫金提到的多声话语（Bakhtin 1981）、沃洛辛洛夫谈到的对话话语（Vološinov 1973）以及克里斯蒂娃讲到的互文性（intertextuality，Kristeva 1980）的观点相一致。这些研究认为，态度或立场的表达可以是直接明确的，由语篇中的词汇或句子直接体现某种人际意义，也可以是间接暗含的，由语篇所在的语境激发某种人际意义。

这些研究在探索语篇的评价动机时也存在不同之处。评价系统的研究将语篇的态度或立场表达视为"韵律式的"模式。具体而言，评价资源被用来建立语篇的基调，随着语篇的展开，评价资源在各个阶段中相互呼应，形成了贯穿语篇的态度韵律，起伏消长（Martin & Rose 2007：59）。同时，评价系统的研究还区分了评价的主体和客体，以及评价基调的类型。评价的主体是评价者，如文学语篇中的重要人物，评价基调包括记录者基调、解释者基调和评判者基调（Coffin 1997，2003）。基于此，研究者可以揭示评价资源的态度韵律、评价者的评价基调，也可以说明 26 类评价资源的分布特征，或者说明以某个评价者为中心的评价资源的分布特征。这些研究有助于说明作者如何刻画小说人物角色、渲染情景环境，但在人物刻画、环境渲染的背后，评价系统的研究尚无法说明评价资源的选用和语篇深层主题之间的关系，依然需要借助功能文体学理论，如前景化和语言艺术符号系统，才能说明评价资源如何服务于语篇主题。

型式语法或局部语法将语篇的态度或立场表达视为"语法语义共选"模式，即通过特定意义（或功能）与词汇语法的对应关系辨析语篇的评价动机。这类研究强调型式与意义紧密联系、词汇和语法不可分割（苏杭、卫乃兴 2017：30）。例如，在探讨 it v-link ADJ that-clause、v-link ADJ to-inf. 等语法型式时，研究者通过语法分析和功能分析，描述这些语法型式在多重语境因素协同作用下的评价功能（Hunston & Sinclair 2000）。在语料库的检索中，研究者将语法型式视为一个点，索引行视为一条线，所有索引页视为一个面，结合统计技术，探索这类语法型式在语篇中所具有的评价功能。这类研究的优点在于可以系统地、一致地描述特定的语言功能，如评价、情感、道歉、致谢、举例和定义等；缺点在于从特定语言功能归纳出的语法型式及其评判标准与其他语言功能的型式和标准并不一定相通，未能形成相互关联的网络，且不能说明多个语言功能如何共同作用于语篇主题和作者意图的解读。

元话语的研究将语篇的态度或立场表达视为"修辞"模式,原因在于作者遣词达意、谋篇布局,始终是为了影响读者,达到某种修辞目的(Crismore et al. 1993;Ädel 2006)。这里的态度实际上是作者与潜在读者互动时所持有的态度,体现在语篇的词汇、短语和句子之中,仅涉及情态而已(吁思敏 2021:43)。而且作者所持有的态度仅对相关命题做出评价,例如 Unfortunately, the film has been canceled 的态度标记 unfortunately 并不是句子命题(the film has been canceled)的一部分,仅涉及作者对于命题信息的情感评价(陈新仁 2020)。作者持有这样的态度是为了达到修辞目的或语用行为,旨在吸引读者的参与,并不是对事物的构成或价值、人物的品格或行为进行评价。如果从元话语理论探索文学语篇的评价资源,可以揭示作者如何将自己的态度融入语篇与读者互动,但是无法说明评价要素(即评价者、被评价者和评价标准)相互作用的过程。这就意味着文学语篇评价资源的元话语分析从语篇本身转入"作者—语篇—读者"视角,偏离了文学批评从作品本身出发进行解读和批评的研究方法,有悖于本书的出发点。

2.2 文学主题的研究路径

2.2.1 研究内容与方法

文学语篇的主题是作者根据题材立意而来的思想,含有明显的价值判断和情感取向(吕超 2011),涉及社会生活的方方面面。在世界范围内,许多文学作品具有相似的主题,但有时受时间和地域的制约会产生不同的主题。对于文学主题的研究方法也因此存在一些相通和差异之处。

在古今中外的文学语篇中,有一些人类共通的主题反复出现在各类题材的作品中。这类主题与人类的情感寄托、人生思考相关,例如成长、爱情、孤独、苦难、乡思、死亡与救赎等。这些主题透露着不同民族的文化精神和价值取向,是超越体裁和家国疆域的文学主题。

此外，还有一些因时间和地域国别的差异而产生的主题具有各自的特点。以时间线为依据，可以发现，在帝国主义等势力压迫下的旧中国时期，"启蒙、救亡和翻身"主题是那个时代文学作品的主旋律（李新宇 1999）；在当代中国全面建成小康社会的新时期，"脱贫攻坚"主题曾是当代报告文学和纪实文学的主要内容（李朝全 2020）。以地域国别为依据，可以发现，中国古代文学的"春恨、悲秋"（王立 1990）、美国文学的"美国梦"（辛潮 1989）、俄罗斯文学的"异化、存在和叛逆"与"恶魔"（王宗虎 2010；赵宁 2001）等成为某个国家或地域特有的、反复出现的文学主题。

无论是共通的文学主题，还是特有的文学主题，现有的主题研究多采用分类、比较和归纳等研究方法。首先，将整体划分为多个部分的做法在主题研究中也常见，体现为分类法，即将大主题划分为多个小主题进行研究。例如，《20世纪中国文学主题研究》将这一时期的文学主题划分为"启蒙、专制、救亡、翻身、民族和民粹"六个小主题（刘忠 2006），《中国古代文学十大主题》认为中国古代文学历史悠久、文化深厚，构成了独特的文学体系，具有惜时、相思、怀古、悲秋、春恨和游仙等十个主题（王立 1990）。分类法有利于呈现某个主题下文学语篇的内在情感和价值取向，有利于推衍出某个主题的背景由来，但分类法无法穷尽所有的主题以及主题的演变，凭借"经验式"的推衍结果并不完全可靠。

比较法常见于不同国家文学主题的研究或者不同时期文学主题的研究。该方法可用于比较中西文学某个特定的主题，如中西复仇文学主题比较（王立 1996，2000）、俄罗斯近代文学和中国现代文学的"忏悔"主题（许子东 1986），也可用于记录某个地域文学主题的变迁，如东晋文学主题的变迁（王德华 2006）。比较法有利于揭示文学主题在不同国家或地域的异同之处，以及文学主题在特定国家的不同时期如何演变，有利于说明主题研究的必然联系。但是，比较法也存在局限，即对比的文学语篇具有选择性，存在抽样偏差。具体而言，研究者在进行比较时，选取了一些具有代表性的文学语篇，并结合社会价值观等影响因素阐释了超越国别或跨越年代的文学主题，但很有可能夸大、掩盖或遗漏了部分事实，无法全面呈现一些客观事实。

归纳法的功能在于概括某个国别或某个时期的文学主题。作者在细读文学语篇并结合文化背景的基础上，梳理相同或相似文学语篇的特性和脉络，最后确立特定国家或特定时期的文学主题。例如，美国华裔文学由于美国华裔的生活经历和社会地位呈现为自传体文学，描写了华裔在美国的奋斗史，反映了迷茫与追寻的主题（程爱民 2003；辛潮 1989）。归纳法可以较好地勾勒国别或年代文学的主题，能够结合文化语境从整体上描绘同类文学语篇的主体特征和发展脉络，但对于人物身份建构、角色性格刻画、故事情节描述和社会生活记录等方面的语言特征缺少总结，仅以举例或引用的方式说明这几个方面的语言特征。这就意味着文学主题的归纳需要佐证时，才会涉及这几个方面的语言特征，不需要佐证时，则会将其搁置一旁，偏离了从文学语篇本身出发进行解读和批评的研究方法。

2.2.2 中国现代文学主题研究

中国现代文学主题研究的共识在于两个方面：一是时代背景决定了文学主题的题材，二是社会思潮影响着文学主题的演变。

一方面，中国现代文学关注社会问题，如农村问题和社会变迁等。莫言的《红高粱》、余华的《活着》、茅盾的《春蚕》等都描绘了农村的生活情景，呈现了旧中国农民的贫困和苦难，展示了旧中国农村的经济生活、阶级压迫等情况。这个时期的文学创作整体环境都是以抨击半殖民地半封建社会的陋习或压迫为主，时代烙印相对比较明显。

另一方面，中国现代文学受社会思潮影响，表现为"启蒙、救亡和翻身"主题的文学创作（李新宇 1999），涵盖了现代小说、散文、杂文、话剧、报告文学等新体裁。辛亥革命结束了君主专制制度，推动了民族思想解放，催生了一批具有新思想的作者，他们通过文学创作倡导思想启蒙，开化国人心智。五四运动时期的文学在反对旧文学、抨击旧传统和旧价值体系的同时，也倡导民族意识和爱国情感，影响了后期文学创作的主题。例如，许杰的《赌徒吉顺》、柔石的《为奴隶的母亲》和罗淑的《生人妻》等作品，涉及了卖妻和典妻题材的文学创作，揭示了精神悲剧和阶级压迫的主题（赵丹 2015；蓝棣之 1990）。延安文艺整风运动时期的文学，如歌剧《白毛女》和《逼上梁山》，以及小说《太阳照在桑干河上》和《李有才板话》，开始表现出新的主题，从启蒙和救亡主题转向翻身主题，包含了妇女翻身、复仇清算等内容。

从中国现代文学创作的时代背景和主题转向来看，特定时期的文学创作受社会思潮影响。基于此，本书将选择一些在20世纪30年代前后创作的文学语篇，如汉英平行评价意义语料库中的《包身工》《春蚕》《为奴隶的母亲》《丈夫》，从而探索这些文学语篇如何反映旧中国底层民众的生活，是否具有相同或相似的文学主题。

夏衍的《包身工》是一篇报告文学，有力地揭发了半殖民地半封建社会中贫苦女孩被贩卖为包身工的社会现象，真实地再现了包身工的悲惨境遇。茅盾的《春蚕》根据报纸上一则《浙东今年春蚕丰收，蚕农相继破产》的消息改编而来，真实地反映了20世纪30年代初期农村经济凋敝，农民丰收成灾的残酷社会现实，也从老通宝一个农民的视角展示了中国近代农村的衰败史。柔石的《为奴隶的母亲》是一部于1930年创作的短篇小说，描写了旧社会一种异常的"典妻"交易，控诉了封建社会对底层民众的精神奴役和摧残压迫，同时也揭露了封建道德的虚伪和堕落。沈从文的《丈夫》是一篇小说，叙述了乡下丈夫由于生活所迫，将妻子送到河岸当船妓的故事，揭露了旧社会丑恶的一面，以及这个丑恶现象所造成的人性畸变。

这些语篇出自同一时代，它们的主题相似，都是以启蒙和救亡为主题的文学语篇，旨在揭露旧社会的弊端，关注劳苦大众的苦难，揭露半殖民地半封建社会导致的各种不当的社会现象，如包身工现象、农村凋敝现象、典妻现象和船妓现象。

2.3 小结

本章首先回顾了语言评价的三个研究路径及其研究方法，分别指出评价系统、局部或型式语法、元话语三个路径存在的局限。其次，综述了文学主题研究的内容和方法，并探讨了中国现代文学主题的时代背景和主题转向。最后，说明了选择四个特定的语篇作为语料来源的原因。

语言评价的三个研究路径都以语言实例为起点，彼此都有难以阐释的文体特征。中国现代文学主题研究从宏观层面揭示了时代背景和社会思潮对于文学主题的影响，但未能说清语言资源如何前景化人物形象、场景渲染和评价主旨等研究点，也未能说明这些研究点如何与文学主题联系在一起，仍需在适用的理论框架指导下进一步探讨。

第3章

评价系统与功能文体分析

3.1 评价系统

评价系统研究语言的人际意义，关注作者或讲话者对事物和交流对象所采取的立场，例如赞同与反对、痴迷与厌恶、称赞与批评，进而让读者或听众处于相同的立场；也关注共同情感和价值的建构，以及情绪、品味和标准评估的表达；还关注作者或讲话者如何理解自己特殊的身份或角色，如何结盟对方或彼此对抗，如何为语篇创建预期的或理想的读者。[①] (Martin & White 2005: 1)

评价（Appraisal）是一个人际意义系统（Martin & Rose 2007: 26），由三个子系统组成，分别是态度（Attitude）、介入（Engagement）和级差（Graduation），三者是合取关系（And relation）。态度是评价系统的核心，介入说明态度立场的表达方式或来源，而级差调节讲话者态度的强弱和介入方式。

3.1.1 态度系统

态度是指人们对事物的感情反应，包括情绪反应、行为判断和事物评估（Martin & White 2005: 35）。因此，态度系统又包含三个子系统，分别是情感（Affect）、判断（Judgment）和鉴赏（Appreciation），它们之间的相互关系是析取关系（or relation）。

3.1.1.1 情感

情感（Affect）涉及情绪反应的评价资源，是对心理状态的表述，可以是消极的也可以是积极的。情感与人的情绪相关，描述人的情绪，例如

[①] 本段文字系作者翻译。除特别说明外，本书外文译文均为作者自译。

意愿性（Inclination）、愉悦性（Happiness）、满意性（Satisfaction）和安全性（Security）。情感的评价资源可以是形容词，例如 It makes me feel **happy** that they've come（Martin and White 2005：58）；也可以是动词，例如"他确实知道自己家并没得过长毛的横财"。上述两个句子都带有一个经历情绪变化的有意识的参与者（情绪者，Emoter），也带有激发某种情绪的事件（触发物，Trigger）。

3.1.1.2 判断

"判断（Judgment）是根据一系列的道德标准评价人的行为、动作和品质的道德评价"（Bednarek 2008：15）。体现判断的语法框架是 it was **judgment** for person/of person to do that，（for person）to do that was **judgment**。这是一个描述个人属性的关系过程，评价的是人的行为，体现了评价者对人的行为的评价。

判断可以细分为社会批判（Social esteem）和社会约束（Social sanction）。社会批判是指社会团体对个体所做出的贬低或赏识评价，通过以下三个范畴对个体及其行为做出评价，即态势性（Normality）、能力性（Capacity）和可靠性（Tenacity）。态势性是指某人是否正常，例如：normal/odd、lucky/unlucky、fashionable/dated。能力性是指某人是否有能力，能否胜任，例如：powerful/weak、mature/immature、competent/incompetent。可靠性是指某人可靠，值得信赖，例如：careful/hasty、faithful/unfaithful、flexible/stubborn。

社会约束是指从社会道德角度出发评价人的行为是赞赏还是谴责、是合法还是非法、是道德还是不道德、是礼貌还是失礼等方方面面，通过真诚性（Veracity）和恰当性（Propriety）两个范畴评价人的行为。真诚性是指某个人是否真诚，例如：truthful/dishonest、frank/deceptive。恰当性是指某个人的行为是否符合道德规范，例如：good/bad、polite/rude、law abiding/corrupt。

3.1.1.3 鉴赏

鉴赏（Appreciation）是对物体价值的判断，既包括有形物体，也包括抽象物体（姜望琪 2009：3）。体现鉴赏的语法框架是 Person considers something **appreciation** 或 Person sees something as **appreciation**。这是一个心理过程，它评价的是物体，体现了评价者对物体的心理评估。

鉴赏也是对事物和过程的评价，既可以是正面的，也可以是负面的。鉴赏通过以下三个范畴讨论人们对于事物的反应、事物的构成和事物的价值，即反应性（Reaction）、构成性（Composition）和估价性（Valuation）。

反应性主要从冲击（Impact）和品质（Quality）两个方面对事物特征进行评价。冲击是指事物对人的吸引程度，是否引人注目，如热烘烘的、绿油油的、平静的、绿的；品质指的是事物是否招人喜爱，如拥挤的、cold、愉快的、生硬的。构成性主要从均衡（Balance）和复杂（Complexity）两个方面评价事物的构成。均衡是指事物的构成是否平衡、是否比例协调，如横七竖八的、neatly、整齐的、匀整的；复杂是指事物的构成是否容易理解，如清晰的、粗略的、复杂的、简单的。估价性是某社会团体对事物价值和社会意义的评估，如徒费唇舌、妙用、特别的。

3.1.2 介入系统

介入系统是在对话主义的基础上发展起来的（Bakhtin 1981），与态度系统是合取的关系。介入涉及说话者或作者的价值立场，是指不同态度的介入，说明态度的表达方式或来源，表明作者或说话者是开启还是关闭对话空间，以及对外在的声音是赞成还是反对。

介入意义可以是单声的（monoglossic），也可以是多声的（heteroglossic）。从对话的角度考虑，如果我们可以将一切言语使用都看成对话，那么单声似乎只提供了一种立场，没有公开承认其他立场的存在，也因此被称为单纯性断言（bare assertions）。多声则明确表示可能存在另一种意见的言语。马丁和怀特（Martin & White 2005）把多声分成收缩（Contraction）和扩展（Expansion）。收缩性多声关闭了容纳其他立场的大门，而扩展性多声打开了容纳其他立场的大门。

收缩和扩展构成了介入系统的核心，旨在说明当选择一种立场而不选择另一种立场时会有什么利害关系。收缩包括否认（Disclaim）和公告（Proclaim）。否认又进一步细分为否定（Deny）和对立（Counter）两个范畴。否定不是从简单逻辑意义上对肯定的否定，而是从对话角度考虑将可替换的肯定立场带到对话当中，从而否定或者拒绝它，例如：not、doesn't、never。对立是另一种否认，用一个命题来取代或反对另一个有可能在此出现的命题。这一命题对于读者或听众来讲通常是出乎意料的（彭宣维等 2015）。对立通过表示让步或转折的词语来表述，例如：although、however、yet、but。

　　公告不是直接拒绝或驳斥相反的立场，而是限定对话的范围。公告又进一步细分为认同（Concur）、断言（Pronounce）和引证（Endorse）三个范畴。认同是指讲话者公开表明与对话者有同样的知识，持有相同的意见（Martin & White 2005：122）。通常来讲，对话者是潜在的听众。一般由 of course、naturally、not surprisingly、admittedly 和 certainly 等词汇体现。断言是指讲话者或作者强调、明显干预或改动某种意见，例如：really、indeed、I contend...、The facts of the matter are that... 等体现了作者对命题的直接介入。引证是借助外在的观点来阐述自己的观点，并假设他人的观点是正确的、有效的和不可否认的，一般由以下词汇体现，例如：show、prove、demonstrate、find、point out。

　　此外，扩展包括接纳（Entertain）和归属（Attribute）。接纳表明个人意见之外依然有其他人的意见存在，个人意见只是所有意见之一。它通过情态（Modality）和言据性（Evidentiality）来表述，例如：it's probable that...、it seems to me...、apparently、perhaps、must。归属又进一步细分为宣称（Acknowledge）和疏离（Distance）两个范畴。宣称是借用了外部的观点，但没有表明讲话者或作者是否赞同与命题相关的观点，它通常的体现形式有 they said、she argued 等。疏离是讲话者或作者引用他人的观点，但持有和引用观点相反的意见，这和宣称是不一样的，典型的体现动词是 claim。

3.1.3　级差系统

　　态度有强弱之分（有积极的也有消极的），同理，介入有不同立场之分（有亲近的也有疏远的），因此态度意义和介入意义具有级差。级差就是用来调节评价意义高低或强弱的语义标签或分级资源，涉及强度或数量、典型性或精确度,可以对评价意义进行锐化(sharpening)或弱化(softening)。

级差系统包含语力(Force)和聚焦(Focus)。语力涉及属性、过程和提议等强化特征,以及数量和频次等量化特征,又进一步细分为量化(Quantification)和强化(Intensification)两个范畴。在马丁和怀特(Martin & White 2005)的框架中,量化包含数量(Number)、体积(Mass)和跨度(Extent)三个范畴。而在胡德(Hood 2010:105)的研究中,量化涉及评价资源的数量(Number/Amount),如 many、a few;以及跨度/频次(Extent/Frequency),如 nearby、recent arrival、long-lasting hostility,具体如图3.1所示。

```
级差              ┌─ 强化          ┌─ 强度(属性;intensity of attribute:
(Graduation)      │ (Intensification) │    very good)
  ├─ 语力 ────────┤                  ├─ 效力(过程;vigour of process:
  │ (Force)       │                  │    badly terrified)
  │               │                  └─ 意态(提议;modulation of proposal:
  │               │                       should have done)
  │               └─ 量化          ┌─ 数量(number/amount of thing:
  │                 (Quantification) │    a reasonably large sample)
  │                                 └─ 跨度/频次(extent/frequency:
  │                                      for 30 years, 3 times)
  └─ 聚焦 ────────┬─ 明晰化(Valeur: a kind of ethnographic study, specific conditions)
    (Focus)       └─ 现实化(Fulfillment: try to find, fail to achieve, suggest, show)
```

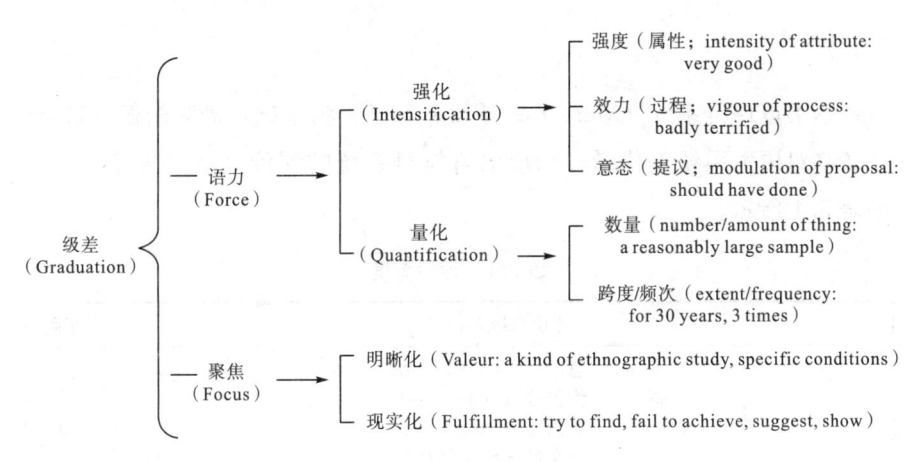

图3.1 级差系统

强化又进一步细分为强度(Intensity of attribute)、效力(Vigour of process)和意态(Modulation of proposal)三个范畴。强度指的是属性的强弱程度,如:**just** fine/**mild** self-admiration、**pretty** much;效力指的是过程的力度,如:**casually** observe/**closely** observe、**slightly** disturb/**greatly** disturb;意态则是指建议的调节程度,如:anyway/possible/maybe。这三个范畴属于 Hood(2010)的评价框架,是在马丁和怀特(Martin & White 2005)的基础上进行了修缮,替换了质量(Quality)和过程(Process)两个范畴。

聚焦是指以典型性为依据,对不可分级的、界限清晰的、非黑即白的范畴进行分级，从而调节范畴间边界的力度，构建范畴的中心和边缘，因此分为锐化和弱化两种运行方向（Martin & White 2005）。例如 a **real** jazz、jazz **of sorts**，虽然 jazz 本身不可分级，但是通过锐化或弱化，可以区分典型的爵士乐或边缘地带的爵士乐。此外，在胡德（Hood 2010）的框架中，聚焦分为明晰化和现实化两个取向。明晰化是让对象在意义表达中变得或清晰，或模糊，或概括，或具体，例如：**a kind of** ethnographic study、**specific** conditions。现实化是指意愿、承诺、预测或义务等实现或具体化的方式，例如：**try to** find、**fail to** achieve、**suggest**、**show**。锐化和弱化或者明晰化和现实化的区分本质上都是确立范畴的中心与边缘，因此本书不再进一步细分聚焦，与语料库的标注保持一致。

3.1.4 小结

本书以评价系统（Martin & White 2005）为基础，借鉴胡德（Hood 2010）对语力系统的修缮，构成语言符号系统的评价范畴，共计 26 个，如表 3.1 所示。

表 3.1 评价范畴

评价系统各范畴			序码
态度 (Attitude)	情感 (Affect)	意愿性（Inclination）	1
		愉悦性（Happiness）	2
		满意性（Satisfaction）	3
		安全性（Security）	4
	判断 (Judgment)	社会批判 (Social esteem) 态势性（Normality）	5
		能力性（Capacity）	6
		可靠性（Tenacity）	7
		社会约束 (Social sanction) 真诚性（Veracity）	8
		恰当性（Propriety）	9
	鉴赏 (Appreciation)	反应性（Reaction）	10
		构成性（Composition）	11
		估价性（Valuation）	12

续表

评价系统各范畴			序码
介入 (Engagement)	收缩 (Contraction)	否认 (Disclaim)	
		否定（Deny）	13
		对立（Counter）	14
		公告 (Proclaim)	
		认同（Concur）	15
		断言（Pronounce）	16
		引证（Endorse）	17
	扩展 (Expansion)	接纳（Entertain）	18
		归属 (Attribute)	
		宣称（Acknowledge）	19
		疏离（Distance）	20
级差 (Graduation)	语力 (Force)	量化 (Quantification)	
		数量（Number/Amount）	21
		跨度/频次（Extent/Frequency）	22
		强化 (Intensification)	
		强度（Intensity of attribute）	23
		效力（Vigour of process）	24
		意态（Modulation of proposal）	25
	聚焦（Focus）		26

此外，考虑到文学语篇中评价者与被评价者的分析维度，以及态度意义积极与消极的属性、介入意义的对话立场和级差意义的强弱，语言符号系统的评价框架应该以评价系统为核心，涵盖 26 个评价范畴，兼顾评价来源（即来自哪个评价者），从而说明不同来源的评价资源如何在文学语篇中相互联系，共同服务于深层次主题的表达。

3.2 功能文体分析

3.2.1 文体分析观

文体分析关注语言使用的变异，尤其关注文学语篇中最有意识和最复杂的语言使用（Hu & Jiang 2002：526）。文体是指语言使用的特定方式或特征。文体分析的主流观点有三种（Miao 2018：138－140）：一是偏离说，即语言使用偏离常规；二是最佳选项说，即作者或讲话者为什么一贯地选择某些特定表达而非其他；三是前景化说，即选择一种有动因的

(motivated)、偏离常规的表达方式。

偏离说是指语言使用偏离日常语言的常规用法。例如，诗人为了满足意义表达的需要，创造了悲伤时间的测量方式 a grief ago，这违反了 a month ago 或 a moment ago 等常规用法。最佳选项说是指以不同方式表达相同话语的语言选项，语言使用的关键在于选择最佳选项，例如以最佳方式劝诫他人吸烟。然而，"偏离说太注重变异的语言，并暗示常规用法对文体研究没有用处"（Halliday 1973：113），"今天的偏离是明天的常规"（Hasan 1989：92）。最佳选项说所强调的最佳选项依然是作者或说话者根据情景语境传达说话动机的表达方式。

本书将前景化说视为功能文体分析的理论基础，因为它涵盖了文学语篇中的语言使用特征。前景化说既包含偏离常规的语言特征，也包含符合常规的语言特征，同时还包含传达说话动机的最佳表达方式。

前景化是指有动因的突出（motivated prominence）（Halliday 1973），与一定的标准或背景形成对照的语言表达（Hasan 1989）。有学者认为前景化是对标准常规的系统违反，目的在于引起读者或听众对题材（Subject matter）更多的关注（Mukarovsky 1964：18—19）。例如，语言的日常用法可能使读者难以欣赏到文学语篇的艺术价值，为了消除这种不足，诗歌、小说等艺术形式必须违反日常语言的常规，从而表达作品主题、刻画人物性格、烘托特殊气氛等语言艺术。但韩礼德（Halliday 1973）指出前景化既可看作违反常规，也可看作获取常规，两者是同一种现象，因为对一种常规的违反是对另一种常规的获取，都可以进行数量统计。

前景化既有质量上的突出，也有数量上的突出（张德禄 1994，1999；吴显友 2002），前者是指某些语言使用因为违反正常的语言规则而造成的突出，而后者是指某些语言使用因为出现频率过高而产生的突出。质量上的突出被称为失协（Incongruity），数量上的突出被称为失衡（Deflection）。失衡可以进行数据统计，在文体分析中更有意义，但并不是所有数据统计的突出都具有文体意义。这意味着文体分析需要结合语境和作者的创作意图，进而判断一些语言使用是否带有动因的突出，能否表达作者的全部意义。在本书中，特指是否带有评价动机。例如，韩礼德

（Halliday 1973）对小说《继承者》（*The Inheritor*）的文体分析表明，小说主人公大量使用的不及物动词和非人称参与者明显偏离了现代的语言常规，具有前景化文体特征。这与作者的创作意图相关，作者旨在通过偏离常规的语言使用说明原始人观察世界的方式——在他们的世界中似乎没有原因和效应。

3.2.2 评价主旨与语篇主题

评价主旨与传统文学批评讨论的主题（Motif）相一致，与文学语篇分析得出的结论相一致，是作者在创作中设定的潜在的整体评价。它可能是底层隐含的，也可能由一个或多个评价资源体现。彭宣维（2014：26）将评价主旨分为整体主旨（wholistic）和局部主旨（local），其关系如图3.2所示，揭示了前景化评价资源与评价主旨之间的对应关系。

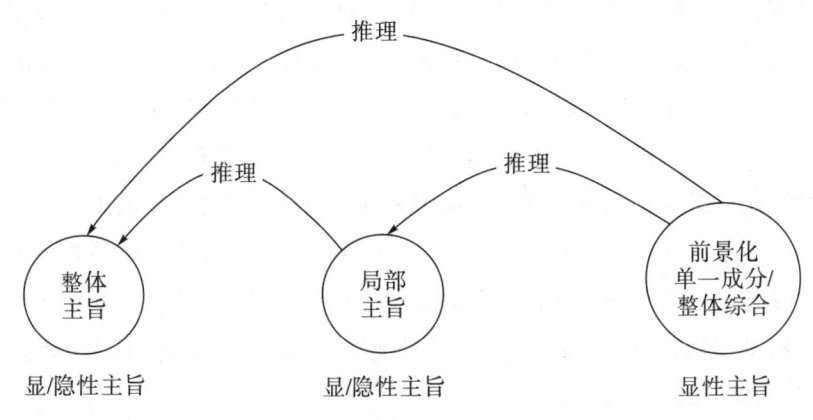

图 3.2　前景化与评价主旨关系

评价主旨的体现过程呈现出分层模式，即从评价语言到整体主旨的两层模式，或者从评价语言到局部主旨再到整体主旨的三层模式。整体评价主旨可能显性或隐性，也可能由一个或多个主旨构成。局部评价主旨的情况也是如此。评价资源通过前景化模式既可以直接体现整体主旨，也可以间接地体现。例如，在《天山景物记》中，作者大量使用了人们描述事物的评价资源，即事物是否引人注目、是否招人喜爱。这些评价资源直接揭示作者对于天山景物的喜爱（局部主旨），间接揭示作者对于时代的歌颂（整体主旨）。

文学语篇的深层次或潜在主题与作者的创作语境密切相关（Hasan 1989），涉及作者所在社团的语言、社会文化因素和文学语篇的规约。首先，文学创作并非一种孤立的自我激发的活动，无法脱离社团语言。无论作者创造出多少种新颖的表达方式，其出发点依然是社团语言。其次，文学创作不可能在真空中产生，受到所处社团的社会文化因素的深刻影响。最后，文学创作具有特有的规约。例如，叙事小说的倒叙技巧，虽然曾经令人印象深刻，但如今已成为文学语篇的一种特征。

文学语篇的深层次或潜在主题也离不开语篇的接收语境，涉及读者对语篇内部因素和外部因素的解读（Hasan 1989）。内部因素是指语言艺术符号系统的内部设计，包括主题、意象表达和语言表达；外部因素是指由语言和语言社团的关系所牵涉的社会文化因素。

综上所述，评价主旨的分层模式和文学语篇的深层次或潜在主题分析都是解读语篇的有效方式。评价主旨的分层模式是一种渐进式的解读方式，通过前景化模式推理语篇的局部主旨和整体主旨，这与文学语篇的主题解读异曲同工。相比较而言，文学语篇的深层次或潜在主题分析是一种兼顾创作语境和接收语境的解读方式，结合多个因素来探讨语篇的主题。两种解读方式没有优劣之分，只是侧重点不一样。评价主旨的研究注重描述语言现象，却鲜少将语言现象与语篇产生的社会文化因素联系起来，出现"见树不见林"的现象。而文学主题的研究注重语篇产生的社会文化因素、叙事技巧、语篇意义等内容，却忽略了对语言表达进行细致分析，出现"见林不见树"的现象。

3.2.3 语言符号系统与语言艺术符号系统

所有的语言艺术都存在两套层级符号（Hasan 1989：98）：一个是语言符号系统本身，即使用自然语言所产生的结果；另一个是语言艺术系统，即通过前景化和重新组合语言符号的意义来创造出新的意义。换言之，语言艺术存在两个意义层：一个是语言符号系统使用自然语言的结果，即初级意义（first order meaning）；另一个是语言艺术符号系统通过前景化和语言模式的组合赋予初级意义更高层次的意义，即二级意义（second order meaning）。

在研究语言层级符号系统的同时,哈桑(Hasan 1989:96)认为语言艺术也可被视为一个符号系统,通常具有与语言符号系统相似的内部设计。她研究的重点是不同语言模式的组合如何相互联系,如何为深层次的意义或主题服务。哈桑(Hasan 1989:99)指出,语言符号系统本身包含三个层级,即音系层、词汇语法层和语义层;并勾勒了语言艺术符号系统的三个层面,从最底层到最高层依次是语言表达(verbalisation)、意象表达(symbolic articulation)和主题(theme),如图3.3所示。哈桑提出的语言艺术符号系统进一步拓展了语言是一套层级符号系统的观点。

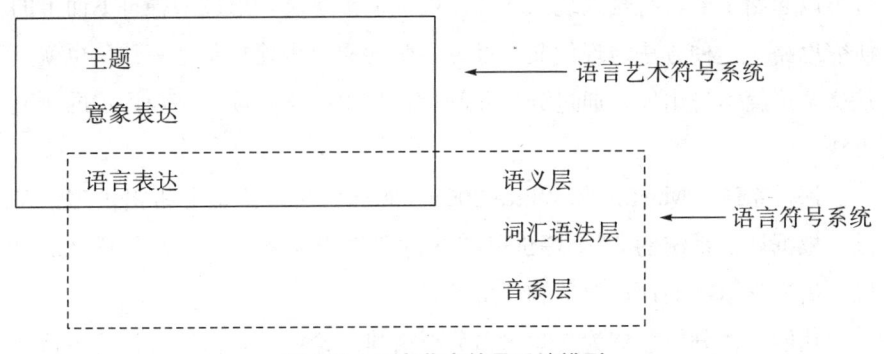

```
┌─────────────────────────┐
│  主题                    │         ← 语言艺术符号系统
│  意象表达                │
│ ┌───────────────────────┼──┐
│ │语言表达               │  │
│ │          语义层          │         ← 语言符号系统
│ │          词汇语法层      │
│ │          音系层          │
│ └──────────────────────────┘
```

图3.3 语言艺术符号系统模型

语言艺术中三个层面之间的关系和语言的层级关系相似。在这个系统中,语言表达位于最底层,使用语言资源表达意义并为意象表达和主题服务。也就是说,从语言特征的文体分析入手,可以揭示文学语篇的意象表达和主题。再者,意象表达通过前景化和语言模式的组合将语言表达和主题联系起来,赋予了语篇更高层次的意义系统,因此可以说语言艺术的技巧或特点位于意象表达层面。

语言评价研究以词汇语法层为起点,关注具有人际互动意义的词汇和语法句型,探索人们如何在互动过程中调用这些资源实现交际目的,如结盟、协商、共情等。而语言艺术研究则关注语言艺术作品表达的深层次的意义,以语言表达的具体意义为起点,进行高度概括,探索更高层面的意义,如诗歌主题、文学价值。

语言评价的侧重点在于词汇或语法项目,而语言艺术分析的侧重点在于语言模式的组合和前景化。语言模式的组合是指不同的语言模式相互联系,例如,在《天山景物记》中,大量的鉴赏资源相互联系且指向作者的愉悦心情(彭宣维 2014)。前景化是指与一定的标准或背景形成对照的语言表达,例如,在《乡村鳏夫》中,大量出现的将来时被看作一个标准,偏离这个标准的现在时和过去时就是前景化(Hasan 1989)。这种前景化是质量上的突出(即失协),其作用在于突出鳏夫孤独悲伤的生存状态。

3.2.4 小结

从语言特征的文体分析入手探讨文学语篇的主题,意味着研究分析单位可以起始于语言符号系统的语义层或词汇语法层,形成一种自下而上的研究思路。这种方法与现代文学批评主张的文学语篇自主性一致,也就是从文学语篇本身出发,通过分析和阐释,提出科学解读和客观评价的研究方法。

评价系统(Martin & White 2005)能够为文学语篇分析提供理论基础,根据评价系统的 26 个评价范畴探讨评价资源所表达的人际意义,可以厘清文学语篇的评价对象和评价动机。

功能文体分析能够为文学语篇分析搭建理论桥梁,即通过评价主旨和语言艺术符号系统的理论能够有效地将文学语篇的宏观分析和微观分析结合起来。评价主旨的研究(彭宣维 2014)阐释了前景化的评价资源与局部或整体主旨之间的推理关系,语言艺术符号系统的研究(Hasan 1989)则指明了语篇主题与语言表达之间的层级关系。

基于此,本书以评价系统为依据,探讨文学语篇的评价资源及其分布特征,以及这些评价资源背后隐藏的评价动机。同时,借鉴功能文体分析理论,探讨评价资源如何服务于潜在的或深层次的文学主题。以期将文学主题的研究和语言评价的研究结合起来,为文学研究提供一种新路径。

第4章

态度意义与评价主旨

本书的语料《包身工》《春蚕》《为奴隶的母亲》《丈夫》包含一定数量的表达态度意义的评价资源，如表 4.1 所示。

表 4.1 态度资源的数量

类别	《包身工》	《春蚕》	《为奴隶的母亲》	《丈夫》
情感	56	417	468	304
判断	245	445	480	390
鉴赏	134	403	187	252
总计	435	1265	1135	946

4.1 情感资源与人物评价

在态度资源中，与情感相关的评价资源数量如表 4.2 所示。本书根据评价者和被评价者两个维度，按照情感系统的 4 个范畴，归类评价资源，并以此为依据展开讨论。

表 4.2 情感资源的数量

类别	《包身工》	《春蚕》	《为奴隶的母亲》	《丈夫》
意愿性	26	82	129	79
愉悦性	1	126	168	74
满意性	25	81	71	88
安全性	4	128	100	63
总计	56	417	468	304

4.1.1 意愿性与人物评价

4.1.1.1 以反面人物为主的评价

在语篇《包身工》中，意愿性评价主要围绕两条线展开：一是对包身工的评价，二是对于纺织厂管理者的评价。

语篇中的意愿性资源共有 26 个，其中与包身工相关的有 6 个。她们被迫做事，倘若不然要被殴打，没有安全感，经常请求别人的怜悯。

(1) "芦柴棒"的喉咙早已哑了，用手做着手势，表示没有力气，请求他的怜悯。①

语篇中与管理者相关的意愿性资源有 17 个。拿摩温不是什么好角色，要②在主子面前显威风，恶狠狠地抽打包身工。东洋婆不喜欢这样的惩罚方式，反而要找个更"合理"的方法来惩戒包身工。抄身婆不愿意去摸包身工的身体，因为她们都瘦弱枯柴，但带工老板坚持搜身，甚至不怕做恶梦，宁愿赔棺材。

(2) 比如讲"芦柴棒"吧，她的身体实在太可怕了，放工的时候，门口的"抄身婆"（抄查女工身体的女人）也不愿意用手去接触她的身体。

(3) 但是带工老板是不怕做恶梦的！

(4) 他随便地说，回转头来对她一瞪，"不还钱，可别做梦！宁愿赔棺材，要她做到死！"

---

① 文中一些评价语句虽然多次出现，如例句 (1)、(134) 和 (328)，但其包含的评价资源并不属于相同的评价范畴，着重号添加在不同的评价资源下面，所以并不影响评价资源的统计和归类。

② 文中并未列出全部相关的评价语句，部分语句仅以阐释或例证的方式呈现评价资源。每个评价语句可能包含多个评价资源，均添加了着重号，个别发生重合的评价资源加粗并添加了着重号。例如某个评价语句既可利用整个句子表达评价意义，也可使用个别词汇表达评价意义，这时评价资源发生重合现象，个别词汇需要加粗。

从数量上来说，管理者的意愿性资源较多，呈现出明显的前景化特征，他们是主要的被评价者。这些资源主要评价他们在管理包身工时的态度，都是负面的、消极的。管理者搜身时甚至不肯摸包身工的身体，就算摸了也不怕做噩梦，宁肯赔棺材也不会放了她们。这种不合理的包身工制度是这群管理者赖以获利的前提，他们会榨取包身工身上的每一滴血汗钱，直到她们生命的尽头。在这种制度下，这群管理者的态度折射出他们非人性的管理方式。

4.1.1.2 以初始人物为主的评价

语篇《春蚕》的意愿性评价主要围绕小说故事情节"准备养蚕—辛苦养蚕—春蚕丰收—丰收欠债"，以及小说重要人物老通宝、四大娘和多多头为主线展开叙述。老通宝希望春蚕丰收能够帮助他还清自家的债务，他的意愿性资源都在重复这一点。

语篇中意愿性资源共有82个。其中，与老通宝相关的有13个，与四大娘相关的有11个，与多多头相关的有11个，与荷花相关的有3个，与阿四相关的有6个，与张财发相关的有1个，与老通宝全家人相关的有16个，与老通宝父亲相关的有1个，与全村人相关的有6个，与收茧子的相关的有5个，与其他相关的有5个。从数量上来看，老通宝、四大娘、多多头和全家人的评价资源占多数，而且数量非常接近，具有前景化特征，他们是主要的被评价者。他们的意愿性资源基本相似，都表达了对春蚕丰收的向往和期待。

(5) 虽然他们都负了天天在增大的债，可是他们那简单的头脑老是这么想：只要蚕花熟，就好了！

(6) 现在他们唯一的指望就是春蚕，一切临时借贷都是指明在这"春蚕收成"中偿还。

(7) 他们都怀着十分希望又十分恐惧的心情来准备这春蚕的大搏战！

(8) 他们听得山棚上有些屑屑索索的细声音，他们就忍不住想笑，过一会儿又不听得了，他们的心就重甸甸地往下沉了。

老通宝的眼中只有一件事，只要蚕花熟，就好了，他指望的就是春蚕丰收。四大娘希望与春蚕的大搏战，也指望通过春蚕能赚到钱。他们看到春蚕要丰收的样子，就忍不住想笑，巴不得被春蚕尿多淋一些，也兴奋地等候收蚕。对于语篇主题而言，这种向往春蚕丰收的单一模式不仅起着铺垫作用，人们期望越高时失望也就越大，而且为后文春蚕丰收却欠债的有力描述奠定了坚实的基础。丰收却欠债的根本原因在于不合理、不恰当的半殖民地半封建社会经济体制。

4.1.1.3　以重要人物为主的评价

语篇《为奴隶的母亲》的意愿性资源主要围绕小说的主要人物展开，包括典妻、典妻丈夫、秀才和秀才妻子。

语篇中意愿性资源共计 129 个。其中，与典妻相关的有 57 个，与她的丈夫相关的有 16 个，与秀才相关的有 19 个，与春宝相关的有 2 个，与秀才的大妻子相关的有 18 个，与秋宝相关的有 3 个，与沈家婆相关的有 8 个，与家中贺喜的客人相关的有 5 个，与其他相关的有 3 个。从数量上来讲，典妻的意愿性资源占多数，具有前景化特征，她是主要的被评价者。

旧社会妇女社会地位低下，可以被丈夫卖掉或者典当出去。这不是一种常态的交易关系，原本合法的妻子却被以金钱交易的方式典当出去。主人翁不愿被典当出去成为别人的妻子，不愿离开，情愿饿死，表现出对这种交易的反抗。但在那样的社会背景下，丈夫执意典当她。后来她也成了秀才租来的妻子，在语篇中被称为典妻。

（9）我实在不愿离开呢！让我饿死在这里罢！

（10）倒霉，我也想到过，可是穷了，我们又不肯死，有什么办法？

决定一个人是否像一件商品一样被典当出去，这是一个艰难的决定，不管是对典卖妻子的丈夫还是对典妻本人来说。典妻来到秀才家后，她始终挂念着她先前的家，掉不下春宝。

第 4 章　态度意义与评价主旨

(11) 她自己也不知道这究竟为什么，她底心老是挂念着她底旧的家，掉不下她的春宝……

(12) 而且想象中的春宝，也同眼前的秋宝一样活泼可爱，她既舍不得秋宝，怎么就能舍得掉春宝呢？

(13) 可是另一边，她实在愿意永远在这新的家里住下去。

虽然语篇中有提到她愿意留在新家，那也是因为自己的丈夫命不长了，自己也离不开秋宝。后来她的丈夫来告知她春宝生病了，她若不救怕春宝活不长了。作为春宝的母亲，想知道春宝的病是否康复，想借两元钱给春宝买糖果，但却身不由己无法离开秀才家。

郎中为秋宝开的药让秋宝哭出一身汗来，这让当母亲的不忍心，就将药倒掉了。这给了秀才大妻子口舌之逞，也给了她赶典妻出门的理由。

(14) 在夏天，婴儿底头上生了一个疮，有时身体稍稍发些热，于是这位老妇人就到处地问菩萨，求佛药，给婴儿敷在疮上，或灌下肚里，婴儿底母亲觉得并不十分要紧，反而使这样小小的生命哭成一身的汗珠，她不愿意，或将吃了几口的药暗地里拿去倒掉了。

典妻在离开时，无奈地对自己的秋宝说：永远不要再记念我了。

这是一种无奈的分别，契约签订前就已经知道自己的宿命，要离开自己的孩子。这种不合理的、不恰当的、把人当作商品出租的典妻交易造成了典妻母子的分离。

(15) 你底妈妈待你是好的，你将来也好好地待还她罢，永远不要再记念我了！

身心备受煎熬的典妻终于到了回家的日子，即便她当时说：让我吃了中饭去罢，那也是因为回家没有饭吃，在身体虚弱时，迫不得已还得自己做饭。从"请你代我就近叫一顶轿子罢"可以看出，她回家的脚步是无力的。最触动人心的是她自己尝试去摸春宝，春宝又躲闪开去。

039

(16) 让我吃了中饭去罢。

(17) 伯伯,请你代我就近叫一顶轿子罢,我是走不回去了!

(18) 妇人就不得已地站起来,向屋角上旋转了一周,一点也没有气力地对她丈夫说……

(19) 在她底已经麻木的脑内,仿佛秋宝肥白可爱地在她身边挣动着,她伸出两手想去抱,可是身边是春宝。

由于离开春宝的时候他还很小,所以等典妻回来的时候,春宝对自己的娘亲已经感到陌生。刚离开了秋宝的典妻回到家后,发现春宝已经不认识她了。这种刚刚割舍了秋宝又无法被春宝认亲的悲惨结局引起了每一个读者的共鸣,使他们对于这种不合理的旧制度、把人当商品一样出租的交易感到强烈的痛恶,从而突出了作者的评价动机。

4.1.1.4 以主人公为主的评价

语篇《丈夫》的意愿性资源总共有79个,其中与老七丈夫相关的有42个,具有前景化特征。语篇以评价老七丈夫的资源为主,以其他人物的评价为辅的模式展开叙述。与船妓的顾客相关的有3个,与水保相关的有2个,与掌班大娘相关的有4个,与五多相关的有5个,与醉鬼相关的有7个,与其他相关的有5个。

语篇以老七丈夫(男子)从开始想见妻子,到中途所遇所见,再到决定离开为主线,展开意愿性资源分布。男子如同走访远亲一样,想到船上找自己的妻子,可又不能与妻子亲近,寂寞袭身,他便愿意转身离开。

(20) 这种丈夫,到什么时候,想到那在船上做生意的年青的媳妇……

(21) 如今和妻接近,与家庭却离得很远,淡淡的寂寞袭上了身,他愿意转去了。

他碰到水保,像是找到了倾诉的对象,甚至连希望明年和老七生宝宝的事也告诉了水保。

(22) 甚至于希望明年来一个小宝宝，这样只合宜于同自己的媳妇睡到一个枕头上商量的话也说到了。

后来，他想起水保要来看老七，认为水保是财神，便高兴地想要唱一首歌，可歌声因嫉妒所扼无法唱出来。

(23) 喉咙为妒嫉所扼，唱不出什么歌。

他怨恨为什么水保那么轻易地要求老七留他过夜，这使男子决定回家去。后来，他因为做饭点不燃湿柴，扔掉后又被别人捡拾了去，这更使得他想回家。

他因为生气没有和老七说话，但后来还是愿意和她讲和，从大娘的评价得知，男子对老七依然有欲望，只是在嫖客、醉鬼、巡官等人来找老七时，自己无法接近老七。等天亮后，男子要走了，一定要走了，后来五多说他和老七一起回乡下去了。

(24) 但这时节望到老七睡起的样子，上半晚的气已经没有了，他愿意讲和，愿意同她在床上说点家常私话，商量件事情，就傍床沿坐定不动。

(25) 大娘像是明白男子的心事，明白男子的欲望，也明白他不懂事，故只同老七打知会，"巡官就要来的！"

(26) 男子一早起身就要走路，沉沉默默的一句话不说，端整了自己的草鞋，找到了自己的烟袋。

(27) 一定要走了，老七很为难，走出船头呆了一会，回身从荷包里掏出昨晚上那士兵给的票子来，点了一下数目，一共四张，捏成一把塞到男子左手心里去。

男子的意愿性资源体现了他的心理变化，从刚开始单纯想见妻子，到最后一定要离开。正是他所经历的事情使得他有了这样的心理变化，这也体现了男子的意愿性从积极到消极的转变。他不愿意在船上多待一天，最终带着老七离开了大河，离开这种河船上的生意。离开这种生意的原因在于，老七丈夫觉得这种生意让老七受欺负，无法忍受。

4.1.2 愉悦性与人物评价

语篇《包身工》中的愉悦性资源只有一个，不具有显性特征，故不再分析。《春蚕》中的愉悦性资源有 126 个，《为奴隶的母亲》中的有 168 个，《丈夫》中的有 74 个。

4.1.2.1 欲抑先扬：人物情感变化的评价

语篇《春蚕》中与老通宝相关的愉悦性资源有 41 个，与四大娘相关的有 10 个，与多多头相关的有 16 个，与荷花相关的有 3 个，与小小宝相关的有 3 个，与老通宝祖父相关的有 1 个，与陈老爷相关的有 2 个，与村里的女人们相关的有 10 个，与老通宝全家相关的有 18 个，与全村人相关的有 18 个。从数量上来说，老通宝是主要的被评价者，相关的评价资源具有前景化特征。另外，多多头、老通宝全家以及全村人也是重要的被评价者。

语篇中的愉悦性资源绝大多数都是积极性的。语篇从开端起就评价老通宝背脊上热烘烘地①，像背着一盆火。随后，在评价人物的愉悦性时，高兴、笑、快乐的、兴奋地、快活等评价资源多次出现。语篇中的愉悦性资源呈现出一种抛物线模式的评价分布，即两头为消极性的，中间为积极性的，且居于最高点的是积极性的。由此不难判断，作者有意进行刻画，欲抑先扬。

(28) "清明"节后的太阳已经很有力量，老通宝背脊上热烘烘地，像背着一盆火。

(29) 他觉得这是一个好兆头。他把手放在小宝的"和尚头"上摩着，他的被穷苦弄麻木了的老心里勃然又生出新的希望来了。

---

① 在以阐释或例证的方式呈现评价资源时，本书尽可能保持语料所用的字词，如"的""地""得""底"，非误用。

(30) 他们想像到一个月以后那些绿油油的桑叶就会变成雪白的茧子,于是又变成丁丁当当响的洋钱,他们虽然肚子里饿得咕咕地叫,却也忍不住要笑。

即便老通宝肚子里饿得咕咕地叫,一颗老心是被穷苦弄麻木了的,然而看到桑叶茁壮地生长,有几分快活,脸上也露出笑容来了。

(31) 老通宝看着那些桑拳上怒茁的小绿叶儿,心里又这么想,同时有几分惊异,有几分快活。

(32) 老通宝的皱脸上露出笑容来了。

语篇中还有很多愉悦性资源评价了老通宝全家人,以及全村人的喜悦。因春蚕丰收而快乐的心情,都被表现为积极的评价资源。他们兴奋地等候收蚕,看到春蚕丰收,他们的心被快活胀大了,他们就忍不住想笑,老通宝家全家立刻充满了欢笑。

(33) 全家都是惴惴不安地又很兴奋地等候"收蚕"。
(34) 他们的心被快活胀大了。
(35) 他们听得山棚上有些屑屑索索的细声音,他们就忍不住想笑,过一会儿又不听得了,他们的心就重甸甸地往下沉了。
(36) 老通宝全家立刻充满了欢笑。

语篇中的四大娘看到"布子"几乎变绿后,立刻告诉了丈夫,告诉了老通宝,多多头,也告诉了她的儿子小宝。她很快活,虽然半惊半喜。

(37) 四大娘立刻告诉了丈夫,告诉了老通宝,多多头,也告诉了她的儿子小宝。
(38) 四大娘很快活,又有点儿害怕,她第一次怀孕时胎儿在肚子里动,她也是那样半惊半喜的!

多多头也是语篇中不可缺少的角色，在评价多多头的愉悦性资源中，大多数体现为积极的。例如，他看村里女人们吵架时的情感是愉悦的，他的心里是快活的，笑嘻嘻地，暗笑，暗笑。

　　（39）看见阿多站在那里笑嘻嘻地望着外边的女人们吵架，老通宝的脸色就板起来了。

　　（40）阿多像一个聋子似的不理睬老头子那早早夜夜的唠叨，他心里却在暗笑。

　　（41）阿多咬住了嘴唇暗笑。

　　这条抛物线似的愉悦性资源分布模式正好反映了蚕农们从着急准备养蚕，到兴奋地等待收蚕，再到春蚕丰收蚕茧卖不出去反而欠债的前后过程。养蚕过程的变化体现了他们愉悦性资源的变化，隐藏在这个过程背后的是不合理的半殖民地半封建社会制度对于农村经济的操纵作用，需要读者去解读。

4.1.2.2　满纸心酸：商品化人物的情感评价

　　语篇《为奴隶的母亲》中的愉悦性资源共有168个，其中与典妻相关的有78个，与典妻的丈夫相关的有2个，与秀才相关的有26个，与秀才的大妻子相关的有11个，与家中祝贺的客人相关的有5个，与秋宝相关的有17个，与春宝相关的有11个，与秀才大妻子死去的儿子相关的有2个，与其他相关的有9个。从数量上来说，典妻的愉悦性资源占大多数，具有前景化特征，她是主要的被评价者。评价资源呈现了以典妻的意愿性为主，以其他人物角色的意愿性为辅的分布模式。

　　（42）"唉！苦命呀！"她低低地叹息了一声。
　　（43）她底思想似乎浮漂在极远，可是她自己捉摸不定远在那里。
　　（44）妇人拭一拭泪，极轻地。

　　在评价典妻的语言中，语篇使用了大量消极愉悦性的评价资源，集中体现了作为一个女人、一位母亲不愿成为别人买卖的商品，不愿成为别人典妻的意愿。她叹息自己命苦，拭泪无法割舍春宝，思想浮漂不知自己将要去往何方，这些都体现了这位母亲消极的愉悦性。

典妻到了秀才家之后，语篇中也出现了大量消极的愉悦性资源。听了秀才大妻子说的一席话后，典妻心头酸、苦、甜上心头、咸的压下去了，心情一时七上八下的。典妻经常被大妻子骂得呜呜咽咽地低声哭泣了，听到别人夸她给秋宝取的名字时苦笑地、含泪地，这些资源都体现了她在秀才家的愉悦性是消极的。

  (45) 这样，竟说得这个具着朴素的心地的她，一时酸，一会苦，一时甜上心头，一时又咸的压下去了。

  (46) 当晚这妇人没有吃晚饭，这时她已经睡了，听了这一番婉转的冷嘲与热骂，她呜呜咽咽地低声哭泣了。

  (47) 这些话，说的这妇人连坐着都觉着局促不安，垂下头，苦笑地又含泪地想……

当典妻得知她的儿子春宝得病却没钱医治的时候，语篇中也有很多消极的愉悦性资源。得知春宝生病后，她的心里简直似有四五只猫在抓她似的。即便所有客人向她祝贺喜得秋宝时，她恨不得哭出来、揩着泪向秀才解释为什么典当两枚戒指，这些也体现了她的愉悦性是消极的。

  (48) 这时妇人底胸膛内，简直似有四五只猫在抓她，咬她，咀嚼着她底心脏一样。

  (49) 她恨不得哭出来，但在人们个个向秋宝祝颂的日子，她又怎么好跟在人们底声音后面叫哭呢？

  (50) 他一边说着，一边揩着泪。

典妻在被迫离开秋宝时，眼里没有精彩的光芒，她底泪如溪水那么地流下。她看到自己的春宝时，突然哭出来高声呼喊，夜晚做梦都会想到秋宝。这些评价资源清晰地呈现出这位母亲的愉悦性也是消极的。

(51) 没有精采的光芒在她底眼睛里起来,而讥笑与冷骂的声音又充塞在她底耳内了。

(52) 这天早晨当她给秋宝穿衣服的时候,她底泪如溪水那么地流下,孩子向她叫:"婶婶,婶婶,"——因为老妇人要他叫她自己是"妈妈",只准叫她是"婶婶"——她向他咽咽地答应。

围绕典妻的愉悦性资源大多以负面的评价为主。不难看出,如果一个人物角色的愉悦性基本是消极和负面的,那么这个人物的情感因素也是消极的。虽然她的愉悦性是消极的,但是读者并没有因为典妻消极的愉悦性资源而疏远她;相反,读者对她报以极大的同情,并痛恨这种将她作为商品典卖的交易。

4.1.2.3 半喜半忧:人物觉醒前后的情感评价

语篇《丈夫》中愉悦性资源共有74个,其中与老七丈夫(男子)相关的有34个,与老七相关的有15个,与水保相关的有5个,与掌班大娘相关的有3个,与五多相关的有9个,与醉鬼等相关的有2个,与巡官相关的有2个,与其他相关的有1个。从数量上来判断,语篇的愉悦性资源分布以老七丈夫的为主,以其他人的为辅。

男子在家种田,妻子在船上做生意,期望能安分过日子。男子想念自己妻子时就赶了三十里地来看她,然而繁忙的妻子无暇和他接近。待男子来到船上后,淡淡的寂寞袭上身,但他也只能坐在船舱中看河景。

(53) 如今和妻接近,与家庭却离得很远,淡淡的寂寞袭上了身,他愿意转去了。

男子后来和水保无拘束地聊天,他很高兴和水保说说板栗和小镰刀的事,也觉得愉快,想要唱歌。

(54) 他笑了,近于提到自己儿子模样,很高兴说这个话。

(55) 他忽然觉得愉快,感到要唱一个歌了,就轻轻的唱了一首山歌，用四溪人体裁。

可后来回想起水保要求老七晚上陪夜，加上饥饿、人饿了使得男子觉得船上的来客恶心，也便没有了快乐，有说不出的什么东西，在血里窜着涌着。

(56) 应当吃饭时候不得吃饭，人饿了，坐到小凳上敲打舱板，他仍然得想一点事情。

(57) 胡想使他心上增加了愤怒，饥饿重复揪着了这愤怒的心，便有一些原始人不缺少的情绪，在这个年青简单的人情绪中滋长不已。

(58) 他不能再有什么快乐。

(59) 男子觑着不说话。有说不出的什么东西，在血里窜着涌着。

后来男子去闹市上转，看到了热闹的场景，使得他的心里又乐开了花。

(60) 年青人在热闹中心上开了花。

在船客闹事之后，大娘问男子为何不高兴，他也摇头不语，再到后来把票子撒到地上，两只大而粗的手掌捂着脸孔，像小孩子那样莫名其妙地哭了起来。

(61) 男子摇头不语。

(62) 男子一早起身就要走路，沉沉默默的一句话不说，端整了自己的草鞋，找到了自己的烟袋。

(63) 男子摇摇头，把票子撒到地下去，两只大而粗的手掌捂着脸孔，像小孩子那样莫名其妙的哭了起来。

男子的愉悦性变化轨迹在文中清晰可见，他的心理变化也显得更加真实。男子心理轨迹的变化反映了其愉悦性的变化轨迹,如同波浪一样起伏不定。从男子积极的愉悦性资源来看,大多与他家乡的事物和闹市的场景相关。而从男子消极的愉悦性资源来看,基本围绕老七被别人欺负和陪客人过夜等事件。男子认为老七在这里受到了欺负,这种船妓生意妨碍了他和老七的亲密关系,也加深了他对船上生意的反感,所以他决定带老七离开。从上述愉悦性资源的变化可以看出,这种船妓生意对一个乡下男子的影响是巨大的,使他失去了友善和纯真,男子最终无法忍受,充分展示了船妓生意的不恰当之处。

4.1.3 满意性与人物评价

4.1.3.1 以恶衬弱的评价

语篇《包身工》中的满意性资源共计24个,其中只有1个与包身工们的父母相关,剩余的23个全部都与纺织厂的管理者有关,都是消极的满意性。其中,与东洋婆相关的有2个,与作者评价的管理者相关的有2个,与带工老板相关的有2个,与催促包身工们起床的男子相关的有11个,与老板娘相关的有4个,与打杂带工的人相关的有3个。这23个消极的满意性资源主要评价管理者的言行。从数量上来看,催促包身工们起床的男子的评价资源最多,具有前景化特征。此人也是打杂带工的一员,所以我们可以将他和打杂带工的评价资源归为一起分析,视其为主要的被评价者。

(64) 接着,又下命令似地高叫:"'芦柴棒',去烧火!妈的,还躺着,猪猡!"

(65) 揍你的!再不起来?等太阳上山吗?老子给你医!

(66) 打杂的恼了,顺手夺过一盆另一个包身工正在抹桌子的冷水,迎头泼在"芦柴棒"头上。

以上例句中多次出现了消极的满意性资源。对于包身工,这些管理人员总是大声叫骂,大打出手。无论包身工们是多么辛勤地工作,这些管理者始终不满意,对包身工高叫、辱骂、殴打,在他们眼中包身工只是赚钱的工具,可以随意殴打辱骂,不会将她们当人看待。这些消极的满意性资源背后隐藏着作者的评价动机,即对包身工制度的评价。正是在这种不合理制度下,管理者才有了肆无忌惮的管理方式,随之衍生出来的便是他们在管理包身工时的不合理、不恰当的言行。

4.1.3.2 人物世界观的评价

语篇《春蚕》中共有81个满意性资源,与老通宝相关的有45个,与四大娘相关的有12个,与多多头相关的有7个,与荷花相关的有5个,与六宝相关的有2个,与村里的女人们相关的有2个,与全村人相关的有5个,与其他相关的有4个。从数量上来,老通宝的满意性资源占多数,具有前景化特征,他是主要的被评价者。

与老通宝相关的满意性资源主要分布在三处,分别体现为他对世界变化的不满、对西洋事物的抵触,他对多多头和村里女人们戏闹的不满、对荷花的封建迷信思想的看法,以及他对春蚕丰收无法卖出茧子反而欠债后生病的谩骂。

(67) 然而更使老通宝去年几乎气成病的,是茧子也是洋种的卖得好价钱。

(68) 世界真是越变越坏!

(69) 我活得厌了!

(70) 老糊涂的听得带一个洋字就好像见了七世冤家!

老通宝在对待洋茧的问题上和多多头、四大娘、阿四发生过争执,他认为正是长毛鬼在阴间告状才使得陈老爷家和自家败落了,所以他痛恨西洋事物。在他眼里带个洋字的东西就像七世冤家一样,这些都说明他对西洋事物非常不满意。

(71) 看见阿多站在那里笑嘻嘻地望着外边的女人们吵架,老通宝的脸色就板起来了。

(72) 老通宝像一匹疯狗似的咆哮着，火红的眼睛一直盯住了阿多的身体，直到阿多走进屋里去，看不见了……

老通宝看到多多头和村里的女人们戏闹时，自己看不过去就大声呵斥多多头。

(73) 老通宝气得脸都紫了。
(74) 老通宝站在廊檐外高声大气喊，故意要叫荷花他们听得。
(75) 老通宝却不耐烦了，怒声喝道……
(76) 老通宝气得直跺脚，马上叫了阿多来查问。

再到后来，多多头和荷花在蚕房交谈的事被六宝告知四大娘和老通宝后，老通宝叫多多头过来训话，因为他觉得荷花是白虎星，会克自家的蚕宝宝，这是老通宝封建迷信思想的体现。

(77) 老通宝气得说不出话来。
(78) 水路去有三十多九呢！来回得六天！老通宝虎起了脸，像吵架似的嚷道：他妈的！简直是充军！
(79) 老通宝路上气得生病了，两个儿子扶他到家。

老通宝家和村里很多人的春蚕丰收了，但是茧厂不收春蚕，让老通宝犯了难，气得说不出话来，为了卖掉春蚕他们必须赶船去无锡脚下卖。为此老通宝虎起了脸，说话像吵架似的嚷道，贱卖茧子后老通宝骂声不断，也气得生病了。

从老通宝的满意性资源来看，绝大多数都是消极的、负面的评价资源。老通宝对于养蚕所给予的希望非常高，然而正是希望越高失望越大，丰收欠债似乎无可避免，也就造成老通宝拥有了大量消极的、负面的满意性评价。究其原因，农民丰收欠债的现象是半殖民地半封建社会经济体制造成的，老通宝作为农村经济的主力军之一，自然无法避免这般厄运。

4.1.3.3 刻薄人物的评价

语篇《为奴隶的母亲》中满意性资源共计 71 个,其中与典妻相关的有 10 个,与秀才的大妻子相关的有 24 个,与秀才相关的有 15 个,与典妻丈夫相关的有 5 个,与轿夫相关的有 2 个,与家中客人相关的有 7 个,与秋宝相关的有 2 个。从数量上来看,秀才大妻子的评价资源占多数,其次是秀才和典妻的相关资源,都具有前景化特征,他们是主要的被评价者。

秀才的大妻子(老妇人)对典妻、秀才和家里的佣人经常辱骂、讥讽,她也经常对这些人发脾气。她的满意性资源比较单一,就是对所有人不满,尤其是对典妻不满,都是消极负面的。

(80) 她可以听见房外的大娘底声音在高声地骂着什么人,她一时听不出在骂谁,骂烧饭的女仆,又好像骂她自己,可是因为她底怨恨,仿佛又是为她而发的。

(81) 有时,秀才从外面回来,先遇见了她而同她说话,老妇人就疑心有什么特别的东西买给她了,非在当晚,将秀才叫到她自己底房内去,狠狠地训斥一番不可。

(82) 她说她装娇,噜噜苏苏地也说了三天。

(83) 但是太阳是升的非常高了,一个很好的天气,秋宝还是不肯离开他底母亲,老妇人便狠狠地将他从她底怀里夺去,秋宝用小小的脚踢在老妇人底肚子上,用小小的拳头搔住她底头发,高声呼喊地。

这些例句说明了自从典妻来后这位老妇人有多么不满意,或许她本性如此,但不能排除她的厌恶很有可能是冲典妻来的,她排斥典妻,嫉妒秀才对典妻的好。虽然老妇人的言行都是消极的满意性资源,但这些资源也可以作为判断老妇人的行为举止是否恰当的另一个标准。

夫妻相敬如宾,妻子在家相夫教子,这被视为封建时代典范的婚姻。然而,秀才和老妇人之间时常发生争吵的事让人觉得这对夫妻之间的相处并不融洽。老妇人骂秀才留下典妻的想法，让他称称自己的老骨头。可见她对待自己的丈夫是多么不恰当，有失仪范。

  （84）你应该称一称你自己底老骨头是多少重！

  因为老妇人欺负典妻的事，秀才也多次想挺身而出保护典妻。他听到老妇人的辱骂浑身透着冷汗，发起抖来，也想去打她一顿泄泄气，可最终心软没有动手，也只有气的只向鼻孔放出气。

  （85）秀才也带衣服坐在床上，听到浑身透着冷汗，发起抖来。
  （86）他很想扣好衣服，重新走起来，去打她一顿，抓住她底头发狠狠地打她一顿，泄泄他一肚皮的气。
  （87）秀才听到这句话，气的只向鼻孔放出气，许久没有说。

  秀才对老妇人的大度反而骄纵了她的刻薄、无情，为老妇人不恰当、不得体的行为举止埋下了祸根，这便是读者看到老妇人消极的满意性资源在语篇中多次出现的原因，这些资源实际上与老妇人的行为举止是否得体密切相关。

4.1.3.4 众生丑陋言行的评价

  语篇《丈夫》中的满意性资源总计88个，其中与老七丈夫相关的有30个，跟掌班大娘相关的有15个，跟老七相关的有4个，跟水保相关的有15个，与酒鬼评价掌班大娘、老七和五多相关的有15个，与醉鬼的长官们相关的有5个，与其他相关的有2个。由此可以看出，描写老七丈夫的评价资源占多数，具有前景化特征，他是主要的被评价者，并且语篇中的满意性评价资源大多为负面的。

  老七丈夫来到船上后，没有什么事做就在船上发闷，等到水保来后和水保聊起家里的事。老七丈夫消极的满意性主要出现在与水保交谈后，他发现水保在船上无拘无束像在自己家一样，还让老七晚上陪夜，对此产生了厌恶的情绪，于是骂老七，生气扔镰刀等。

(88) 他记忆得到那嘱咐，是当到一个丈夫面前说的！

(89) 该死的话，是那么不客气的从那吃红薯的大口里说出！

(90) 为什么要说这个！有什么理由要说这个？

老七丈夫在胡思乱想之后，愤怒的情绪袭上了心头，再加上饥饿时做饭生不着火，生气将木柴丢到了河里。当别人捡去他丢在河里的木柴后，新的愤怒使他感到羞辱，我们可以从五多的口中得知他一直生气。

(91) 胡想使他心上增加了愤怒，饥饿重复揪着了这愤怒的心，便有一些原始人不缺少的情绪，在这个年青简单的人情绪中滋长不已。

(92) 有了脾气，再来烧火，自然更不行了，于是把所有的柴全丢到河里去了。

(93) 眼看这一切，新的愤怒使年青人感到羞辱，他想不必等待人回船就走路。

(94) 我们到街口碰到他，他生气样子，一定是怪我们不早回来。

与老七丈夫相关的满意性资源并没有直接体现船妓生意，也没有说明他的行为举止是否恰当。但是，从老七丈夫对水保的话所产生的厌恶情绪来看，水保的做法是不恰当的，他竟然当着老七丈夫的面让老七陪夜。这些话造成了老七丈夫的负面情绪，而水保却认为他是付钱了的，老七陪夜是船妓生意的服务。

与掌班大娘等人相关的满意性资源有 15 个，占有一定数量。从醉鬼对掌班大娘等人的评价来看，他鄙视船上的人，但又要花钱在这里找乐子。醉鬼骂掌班大娘是骚婊子，巡官骂她是老婊子，这些评价对于一个人来说是不妥当的。对于这些评价，掌班大娘感到一种侮辱。

(95) 骚婊子，出来拖老子上船！

(96) 我什么时候同你这老婊子说过谎？

(97) 想不通，一个老鸨虽说一切丑事做成习惯，什么也不至于红脸,但被人说到"不中吃"时,是多少感到一种羞辱的,她悄悄的回到前舱,看前舱新事情不成样子,扁了扁瘪嘴,骂了一声"猪狗",终归又转到后舱来了。

评价掌班大娘的满意性资源大多体现了醉鬼等人不满意的态度,也说明了大娘遭到不平等对待时的负面态度。老七丈夫、醉鬼、掌班大娘都有很多言行表达不满,其中,老七丈夫因为老七受到了船妓生意的迫害而感到不满,大娘因为客人羞辱自己而感到不满,这些都是船妓生意的存在引起的。因此可以讲,船妓生意的存在是这些人产生消极的、负面的满意性资源的根本原因。

4.1.4　安全性与人物评价

语篇《包身工》的安全性资源只有 4 个,不具有显著特征,这里不再展开讨论。

4.1.4.1　积极与消极情感的交替

语篇《春蚕》的安全性资源共计 128 个,其中与老通宝相关的有 53 个,与老通宝全家人相关的有 14 个,与四大娘相关的有 18 个,与多多头相关的有 14 个,与荷花相关的有 2 个,与六宝相关的有 7 个,与张老头相关的有 2 个,与村里的女人们相关的有 5 个,与全村人相关的有 11 个,与其他相关的有 1 个。从数量上来看,老通宝的安全性资源数量最多,具有前景化特征,他是主要的被评价者。

老通宝的安全性资源分布的特点是积极的和消极的安全性资源交替出现,但消极的资源占多数。语篇中大量消极的安全性资源说明了老通宝的情绪是不平静的,生活中不安全的时光太久,春蚕丰收反而是他的灾难,这为突出语篇主题奠定了一定的基础。

语篇中多次出现老通宝的安全性资源,如相信和深信,主要说明老通宝是个保守的角色,对于老一辈的教训牢牢不忘,仇恨洋人。例句(98–100)则主要说明老通宝渴望春蚕丰收的心态,准备与春蚕搏斗的心理状态。

第4章 态度意义与评价主旨

(98) "希望"在老通宝和一般农民们的心里一点一点一天一天强大。

(99) 这二三十人家的小村落突然呈现了一种大紧张,大决心,大奋斗,同时又是大希望。人们似乎连肚子饿都忘记了。

(100) 他们都怀着十分希望又十分恐惧的心情来准备这春蚕的大搏战!

老通宝指望春蚕丰收后偿还一些自家欠下的债,所以对饲养春蚕的开销特别上心。

(101) 老通宝偏偏听得了,心里急得什么似的。四块钱一担,三十担可要一百二十块呢,他哪来这许多钱!

(102) 但是想到茧子总可以采五百多斤,就算五十块钱一百斤,也有这么二百五,他又心一宽。那边"捋叶"的人堆里忽然又有一个小小的声音说。

老通宝对于任何影响春蚕丰收的事情特别留神,听到外面有女人的声音就特别留意,听到是六宝的声音就心宽了。

(103) 老通宝认得这声音是陆家的六宝。这使他心里又一宽。

等蚕宝宝上山后,他心里捏着一把汗,等看到雪白发光的茧子嘻开了嘴,忍不住笑了,但得知春蚕卖不出去没有人收购的时候又捶胸跺脚地没有办法。

(104) "宝宝"都上山了,老通宝他们还是捏着一把汗。

(105) 老通宝心里也着慌了,但是回家去看见了那些雪白发光很厚实硬古古的茧子,他又忍不住嘻开了嘴。

(106) 会没有人要,他不相信。

(107) 老通宝捶胸跺脚地没有办法。

老通宝出现复杂交替的安全性资源的原因在于他对养蚕的担心，担心春蚕的收成，担心春蚕的售卖。和他一样，全村人的经济命运也是一条线上的，春蚕丰收的农民最后都欠下了债。他们复杂交替的安全性资源折射出了农民生活的艰辛，也揭示了农民春蚕丰收欠债这个主题背后所隐藏的不平衡的经济体制，说明经济体制的不平衡是他们丰收欠债的主要原因。

4.1.4.2　贯穿全文的消极情感

语篇《为奴隶的母亲》的安全性资源总计 100 个，其中与典妻相关的有 46 个，与典妻的丈夫相关的有 13 个，与秀才相关的有 15 个，与典妻的大妻子相关的有 3 个，与春宝相关的有 12 个，与黄妈相关的有 1 个，与秋宝相关的有 2 个，与其他相关的有 8 个。从评价资源数量来判断，典妻的安全性资源占据了大多数，具有前景化特征，她是主要的被评价者。

典妻是一个被丈夫出租的人，她的生活和平常人是不一样的。对于丈夫这么忍心出租自己，对于秀才妻子的欺负，对于生了秋宝而后又被迫离开他的撕心裂肺，她所承受的苦难一般人难以想象。语篇中大量消极的安全性资源都体现了这位"为奴隶的母亲"是多么不幸。她几乎完全没有安全感，她的安全性资源都是消极的、负面的。

(108) 他底妻几乎昏去似的。
(109) 他底妻简直痴似的，话一句没有。
(110) 这时，他底妻简直连腑脏都颤抖，吞吐着问……
(111) 妇人战着牙齿问……
(112) 倒霉的事情呀，我！——一点也没有别的方法了么？

典妻来到秀才家后没多久，由于秀才妻子待她不善，典妻的生活也是像佣人一样，什么家务都要做，平时秀才妻子的谩骂让典妻局促不安。典妻时常矛盾着，既不想舍弃春宝，又不想离开秋宝，这种进退两难的处境不是一个普通人可以理解的。看到没有任何安全感可言的典妻后，读者会对她报以极大的同情。

(113) 这些话，说的这妇人连坐着都觉着局促不安，垂下头，苦笑地又含泪地想……

(114) 在孩子底母亲的心呢，却正矛盾着这两种的冲突了：一边，她底脑里老是有"三年"这两个字，三年是容易过去的，于是她底生活便变做在秀才底家里底用人似的了。

秋宝出生后，典妻的丈夫由于无钱医治春宝，来向典妻求助。得知春宝生病，典妻简直连泪也没有地呆着了。她时常记挂着春宝的病情，甚至睡梦中突然喊起来，急忙地向秀才回答"好像我底前面有一圹坟呢"。语篇的结尾也提到悲哀的幻想更在女人底前面展开。

(115) 女人简直连泪也没有地呆着了。

(116) 有几夜，她抱着秋宝在睡梦中突然喊起来，秋宝也被吓醒，哭起来了。

(117) 女人急忙地一边答："好像我底前面有一圹坟呢！"

典妻的安全性资源基本上呈现为直线型的分布模式，全部表现为消极的、负面的情感。她之所以有如此低的安全感，主要是因为身处在这种不合理、不恰当的典当交易之中，这种交易导致了她悲惨的命运。

4.1.4.3 主人公的消极情感

语篇《丈夫》的安全性资源共有 63 个，其中与老七丈夫相关的有 38 个，与老七相关的有 5 个，与掌班大娘相关的有 3 个，与五多相关的有 2 个，以及在醉鬼闹事后与他们四人都相关的有 2 个，与水保相关的有 2 个，与醉鬼相关的有 7 个。从评价资源的数量来看，老七丈夫的安全性资源数量最多，具有前景化特征，他是主要的被评价者。

老七丈夫（男子）到船上后用惊讶的眼神打量着自己的女人，他感到惊讶，手足无措，之后妻子递香烟时，他又一次感到惊讶。这些评价资源是男子缺乏安全感造成的。

（118）大而油光的发髻，用小镊子扯成的细细眉毛，脸上的白粉同鲜红胭脂，以及那城市里人神气派头、城市里人的衣服，都一定使从乡下来的丈夫感到极大的惊讶，有点手足无措。

（119）第二次惊讶，是烟管忽然被女人夺去，即刻在那粗而厚的手掌里，塞了一枝"哈德门"香烟的缘故。

待到老七开始陪客的时候，男子也知趣地躲到那后梢舱上去低低的喘气，半夜里胡思乱想。作为丈夫，他能让自己的妻子在前仓陪客人，而自己却和平的睡去，这本身就难以让读者理解。好在后来男子也有了觉悟，带老七离开了。

（120）于是这丈夫不必指点，也就知道往后舱钻去，躲到那后梢舱上去低低的喘气，一面把含在口上那支烟卷摘下来，毫无目的的眺望河中暮景。

（121）半夜里，或者已睡着，或者还在胡思乱想，那媳妇抽空爬过了后舱，问是不是想吃一点糖。

水保来查巡的时候，男子是又虚又怯地回答，怯怯的望着水保。他不清楚水保是什么样的人，只觉得有乡长的派头。而后来水保要求老七陪夜的话，让愤怒的年青人失去了兜里装满钞票时的骄傲，他开始讨厌妻子所做的生意。

（122）里面一个很生疏的男子声音，又虚又怯回答说："是我。"

（123）因为不说话，他就怯怯的望到水保微笑，他要人了解他，原谅他——他是一个正派人，并不敢有意张三拿四。

（124）正似乎为装满了钱钞便极其骄傲模样的抱兜，在他眼下再现时，把原有和平失去了。

男子看到醉鬼在船上的胡闹，他和一船人都吓慌了。再到后来巡官来巡查，男子不明白是什么事情问大娘，吓得不能说话。这一串的事件让老七丈夫的安全感跌到了低谷，这也是他准备带老七离开的一个原因。

(125) 并且即刻听到用石头打船篷，大声的辱宗骂祖，一船人都吓慌了。

(126) 男子被大娘摇醒揪出来，看到水保，看到一个穿黑制服的大人物，吓得不能说话，不晓得有什么严重事情发生。

作者从评价老七丈夫的安全感着手，使用了大量负面的、消极的资源来突出这位男子的安全感多么低。男子安全感低的主要原因在于这种船妓生意下众生的丑陋言行，例如水保和巡官的霸横、嫖客醉鬼等人的谩骂，都导致男人在船上的安全感极低，这也从侧面揭示了语篇的主题，说明对这种船妓生意的诟病。

4.1.5 小结

从意愿性来看，文学语篇所刻画的社会底层人物的本能意愿都是积极乐观向上的，例如，父母们都期望自己的孩子（包身工）能够过上美好生活的积极意愿，老通宝全家和全村人向往春蚕丰收的积极意愿，典妻作为母亲关心春宝和秋宝时所表现的积极意愿，丈夫寻妻、与妻讲和时所展现的积极意愿。

从愉悦性来看，生活在农村的人物悲喜各不相同，但也存在一些相通之处。《为奴隶的母亲》消极地评价了一个悲情的角色，引起了读者的共鸣。《春蚕》和《丈夫》所刻画的人物角色都是内心情感复杂多变，表现在积极与消极的愉悦性资源相互交替的模式之中。这种人物角色内心情感复杂多变的描写使得人物刻画更加形象逼真，也说明人物的情感容易受到环境影响。这些人物所在的旧社会处处压榨着他们，迫使他们过着悲惨的生活。

从满意性来看，文学语篇中多个人物的评价资源都是消极的，且存在相似之处。例如，《包身工》中打杂的不满包身工的迟缓，《春蚕》中老通宝不满世界变了，讨厌西洋事物和荷花，《丈夫》中丈夫不满妻子陪水保过夜，不满独自守船，还有掌班大娘不满醉鬼和嫖客等人的谩骂。这些消极的满意性资源刻画了旧社会时期形形色色人物对于生活现状的不满程度,间接描绘了不同群体工作或生活的面貌。

从安全性来看,受语篇主题的影响,文学语篇在评价人物的安全感时采用了不同的模式。《春蚕》为了突出农民丰收欠债的事件,在评价老通宝的安全感时使用了积极与消极相互交替的模式,突出老通宝在春蚕丰收前后的情感变化。相较而言,《为奴隶的母亲》和《丈夫》都是采用单一的模式评价人物的负面情感,例如,典妻的不幸、离开春宝和秋宝时的消极情感,丈夫对船妓生意的厌恶,以及对水保、巡官和嫖客等人的反感,都是以消极的安全性资源为主。

4.2 判断资源与人物评价

在判断系统中,文学语篇根据社会团体的标准评价个体是否正常、是否有能力、是否可靠(社会批判),或者根据社会道德的标准评价个体是否真诚、是否符合道德规范(社会约束)。本书的语料《包身工》《春蚕》《为奴隶的母亲》《丈夫》包含一定数量的表达判断意义的评价资源,对应的资源数量如表4.3所示。

表 4.3 判断资源的数量

类别		《包身工》	《春蚕》	《为奴隶的母亲》	《丈夫》
社会批判	态势性	25	44	40	21
	能力性	50	119	159	105
	可靠性	37	149	121	95
社会约束	真诚性	0	2	24	26
	恰当性	133	130	136	143
总计		245	445	480	390

4.2.1 包身工的品质和行为评价

4.2.1.1 包身工是否正常

语篇《包身工》中与包身工直接相关的评价资源共计 18 个，与之无关的有 7 个。显而易见，态势性资源主要围绕包身工展开评价。蓬头，瘦得像芦柴棒一样，旨在评价包身工不正常的外貌。此外，包身工被称作特殊的廉价机器、罐装了的劳动力，说明她们的身份是机器，被视为物品，是罐装了的劳动力，被视为商品。同时，她们也是别人发脾气和使威风的对象。

(127) 蓬头，赤脚……

(128) 手脚瘦得像芦柴棒一样，于是大家就拿"芦柴棒"当了她的名字。

(129) 日本厂家对于这种特殊的廉价"机器"的需要突然地增加起来。

(130) 所以包身工是一种"罐装了的劳动力"，可以"安全地"保藏……

(131) 包身工是"拿摩温"和"荡管"们发脾气和使威风的对象。

根据语篇的态势性资源来看，包身工的评价主要来源于语篇作者，直接相关的评价有 18 个，使读者清晰地了解到包身工是一个多么不正常的群体。如果说这种不合理、不恰当的制度造就了这个不正常的群体，那么维持这种制度的这群管理者应该就是罪魁祸首。

4.2.1.2 包身工是否有能力

在语篇《包身工》的能力性资源中，与包身工直接相关的评价资源有 38 个，间接相关的有 1 个，无关的有 11 个。从数量的比例来讲，围绕包身工的评价资源数量占比大，具有前景化特征。她们被人们称为"芦柴棒",没有工作和休息的自由,生病的时候依然被迫工作,即使害了急性的重伤风,患了重感冒不能起身工作,见机地将身体缩到墙角,也会被包工头殴打,理由是不工作。包身工喉咙哑了,没有力气,还要继续工作,衰弱到不能走路还是工作,手脚像芦柴棒一般的瘦,身体像弓一般的弯,面色像死人一般的惨,咳着,喘着,淌着冷汗,还是被迫做工。

(132) 有一次,在一个很冷的清晨,"芦柴棒"害了急性的重伤风而躺在床(其实这是不能叫作床的)上了。

(133) 那一天"芦柴棒"实在不能挣扎着起来了,她很见机地将身体慢慢地移到屋子的角上,缩做一团,尽可能地不占屋子的地位。

(134) "芦柴棒"的喉咙早已哑了,用手做着手势,表示没有力气,请求他的怜悯。

(135) 工作,工作,衰弱到不能走路还是工作,手脚像芦柴棒一般的瘦,身体像弓一般的弯,面色像死人一般的惨,咳着,喘着,淌着冷汗,还是被压迫着做工。

包身工的身体瘦得像骷髅一样,居住环境差,容易得病,遭受非人待遇,没有姓名,吃不饱穿不暖,随时都有死的可能,经常被带工头殴打,但她们却为几千个纱厂的老板们赚足了钱,她们的工作能力是值得肯定的。语篇集中评价包身工的能力,衬托出这些有能力的姑娘却被一群恶人作践,让人不能不同情她们的遭遇,使人对这些管理者的不恰当行为进行抨击,从而突出语篇的评价主旨。

4.2.1.3　包身工是否可靠

在语篇《包身工》的可靠性资源中,与包身工直接相关的评价资源有21个,无关的有16个。从数量上来讲,评价包身工是否可靠的资源最重要,具有前景化特征。她们起床时,穿错了别人的鞋子,胡乱地踏在别人身上,在离开别人头部不到一尺的马桶上很响地小便。她们没有害羞的感觉,迟钝,被人骂作懒虫。看到这里,读者似乎对这些姑娘已经产生了负面印象,这样的童工似乎不可能有什么工作效率。

(136) 打呵欠，叹气，叫喊，找衣服，穿错了别人的鞋子，胡乱地踏在别人身上，在离开别人头部不到一尺的马桶上很响地小便。

(137) 女性所有的那种害羞的感觉，在这些被叫做"猪猡"的人们中间似乎已经很迟钝了。

(138) 长得结实的往往会像折断一根麻梗一样很快的死亡，而像"芦柴棒"一般的包身工，每一分钟都有死的可能，可是她们还在那儿支撑。

但是，随着语篇的展开，即便生存环境恶劣，包身工依然逆来顺受、忠实地为老板工作，哪怕下一分钟有可能死在岗位上，依然支撑着。他们是否可靠的评价起初看起来是消极的，但实际上是作者正话反说，例句(136-137)与(138)形成鲜明对比，表面看上去并不可靠的包身工，却完成了常人难以完成的工作。这也是作者夏衍高明之处，他为了唤起读者对包身工的关注，对她们生存现状的了解，对她们非人待遇的了解，进而唤起读者的共鸣，一起抨击这种不合理、不恰当的包身工制度。

4.2.1.4　包身工的行为是否道德

语篇《包身工》的恰当性资源总计133个。作者评价包身工的资源有26个，评价游说带工的资源有2个，评价拿摩温的有17个，评价东洋婆的有13个，评价带工老板的有25个，评价男人的有6个，评价老板娘的有4个，评价打杂带工的有14个，作者直接评价包身工制度的有6个，评价其他的合计12个。另外，打杂的评价包身工的有6个，东洋婆评价包身工的有2个。从数量上来看，作者评价包身工、带工老板、拿摩温和打杂带工的语句是主要的评价资源，具有前景化特征，评价他们的资源占主要位置。

(139) 她们会半裸体地起来开门，拎着裤子争夺马桶，将身体稍稍背转一下就公然在男人面前换衣服。

上述例句来源于作者的评价，作者描述的包身工令读者难以想象，半裸体地起来开门,拎着裤子争夺马桶。作者评价她们的行为时给读者的印象是不恰当的,有失女生的形象,而如果结合男子怒吼她们起床开工的情形来看,读者不难想象这样不恰当的行为是情有可原的,更想知道她们的生活又是什么样子的。

(140)两粥一饭,十二小时工作,劳动强化,工房和老板家庭的义务服役,猪一般的生活,泥土一般地被践踏,——血肉造成的"机器",终究和钢铁造成的不同。

从这里不难看出,包身工们生活在这样的环境中,身体健康状况能好到哪里去,她们的工作状况也不会好到哪里去。

(141)工作,工作,衰弱到不能走路还是工作,手脚像芦柴棒一般的瘦,身体像弓一般的弯,面色象死人一般的惨,咳着,喘着,淌着冷汗,还是被压迫着做工。

(142)两粥一饭,十二小时噪音、尘埃和湿气中的工作,直到被榨完残留在皮骨里的最后的一滴血汗为止。

对于包身工而言,她们没有选择,只有每天十二小时不停地在纱厂里忙碌,所遭受的待遇非一般人能够忍受。吃不饱、身体虚弱或生病都不能成为休息或停工的理由,直到被榨干身上最后一滴血汗为止,她们才可以得到解脱。

(143)她们每天的工资就是老板的利润,所以即使在她们生病的时候,老板也会很可靠地替厂家服务,用拳头、棍棒或者冷水来强制她们去做工。

(144)红砖"罐头"的盖子——那扇铁门一推开,带工老板就好象赶鸡鸭一般把一大群没有锁链的奴隶赶出来。

(145)殴打之外还有饿饭、吊起、关黑房间等等方法。

带工老板每天懒散地站在出口处，手拿点名册清点包身工的人数，用拳头、棍棒或者冷水对待包身工，强制她们去做工。这些包身工其实也只是十二三岁的孩子，以这种方式对待这些孩子恐怕也只有在旧社会才会发生。带工老板将包身工们赶出宿舍的方式就好象赶鸡鸭一般，他们认为这是一群没有锁链的奴隶。要是包身工两小时内赶不出该干的活儿，殴打她们便成了带工老板分内的事。除了上述虐待包身工的方式，还有饿饭、吊起、关黑房间等方式。读者可能会疑惑，是谁给了他们胆量如此虐待这群姑娘？答案是这种不合理的包身工制度，是旧社会中种种不恰当的利益关系给了这群管理者胆量施虐这些弱小的包身工。

　　（146）但是野兽一般的"拿摩温"（工头）和"荡管"（巡回管理的上级女工）监视着你。

　　（147）只要断了线不接，锭壳轧坏，皮辊摆错方向，乃至车板上有什么堆积，就会遭到毒骂和毒打。

　　（148）恰恰运气坏，一个"东洋婆"（日本女人）走过来了，"拿摩温"为着要在主子面前显出他的威风，和对东洋婆表示他管督的严厉，打得比平常格外着力。

作者将拿摩温评价为野兽一般的人，他们监视、毒骂、毒打包身工，他们是恶棍。同时，他们又是巴结上层的管理者，在东洋婆面前虐待一个名叫小福的包身工时，可能是为了表示他管督的严厉，也可能是在主子面前显出他的威风，管理的方式竟然是打得比平常格外着力。这种不恰当甚至无情的管理方式让读者为包身工鸣不平。此外，东洋婆介绍了一种更"文明的"惩罚办法，拿摩温便不怀好意地拿了皮带盘心子让包身工顶在头上面壁思过。作者评价了种种无情的管理，将这些毫无人性的丑恶行径历历在目地展现在读者面前，从社会道德的角度批判这些不当的管理方式，引起读者的共鸣。

4.2.2 乡村人物的品质和行为评价

4.2.2.1 老通宝等人是否正常

语篇《春蚕》的评价资源并没有集中在某个人物角色身上，全文总计44个态势性评价资源，反映在老通宝身上有10个，荷花丈夫根生身上有8个，多多头、村里的女人们和六宝各有4个，长毛鬼子、村里的小孩们、男人们、张老头子和黄道士各有2个，祖父和小陈老爷各有1个。这些评价资源依然是以消极的为主，相对而言，积极的评价资源都体现在多多头和小孩子们的身上。大多数消极的评价资源说明这个村子的人们不正常，为说明春蚕丰收却欠债的事情埋下了伏笔。从数量上来讲，老通宝和荷花丈夫根生的评价资源最多，具有前景化特征，他们是主要的被评价者。

(149) 老通宝恨洋鬼子不是没有理由的！他这坚定的主张，在村坊上很有名。

(150) "大眠"快边人们还看见那不声不响晦气色的丈夫根生倾弃了三"蚕箪"在那小溪里。

(151) 她们特地避路，不从荷花的门前走，远远的看见了荷花或是她那不声不响丈夫的影儿就赶快躲开。

老通宝为什么坚定地恨洋鬼子，不买洋种，作者并没有直接说明，只是在语篇开头提及老通宝转述老陈老爷的话"铜钿都被洋鬼子骗去了"，以及老通宝和四大娘、多多头争吵洋种的事，还有老通宝认为年轻人和洋鬼子私通的事。从这些事看，他满意度低、安全感低是不正常的。

村里人认为荷花的丈夫是个晦气色的人，总是不声不响的，平时看见他就赶快躲开，就像躲开荷花一样。这件事在读者看来会产生疑问，为什么人们要躲开他？原来村里人迷信荷花和他的丈夫根生会给自己家的蚕宝宝带来霉运，这是因为有人看见根生向小溪里倾倒自家的蚕宝宝，这事不吉利，在他们看来接近根生或荷花就会给自己带来霉运。这种迷信的做法是没有根据的，是不正常的。

4.2.2.2　老通宝等人是否有能力

　　语篇《春蚕》的能力性资源共计 119 个，其中与老通宝相关的资源最多（共计 40 个），与老通宝家人相关的有 10 个，与他的祖父相关的有 4 个，与他的父亲相关的有 4 个，与多多头相关的有 8 个，与阿四相关的有 4 个，与四大娘相关的有 4 个。另外，语篇中评价老陈家的资源有 20 个，与全村人相关的有 14 个，与六宝相关的有 3 个，与孩子们、女人们、男人们相关的有 12 个，与张老头子相关的有 1 个，与其他相关的有 5 个。从评价资源的数量来看，老通宝和老陈家的评价资源最多，合计占到了一半，具有前景化特征。

　　（152）老通宝现在已经没有自己的田地，反欠出三百多块钱的债，"陈老爷家"也早已完结。

　　（153）他自己家也要常常把杂粮当饭吃一天，而且又欠出了三百多块钱的债。

　　（154）他父亲留下来的一分家产就这么变小，变做没有，而且现在负了债。

　　老通宝家已经没有了自己的田地，反欠出三百多块钱的债。陈老爷家也早已完结。老通宝他们经常把杂粮当饭吃，他父亲留下来的家产就这么变小，变做没有，而且还负了债。究其原因，老通宝家的败和陈老爷家的败都是封建经济体制造成的。

　　（155）但近来他老了，手指头没有劲，他修了一会儿，抬起头来喘气。

　　（156）老通宝气喘喘地从他的工作里抬起头来，望着四大娘。

　　由于老通宝家境沦落，还欠了别人的债，不得不继续养蚕并希望借此还了别人的债，他在农田里工作时气喘吁吁，手指头显得没有劲了。这几个评价资源都说明老通宝老了,能力差,似乎不能继续工作了,但这又恰恰反映出农村经济凋敝,农民赖以生存的传统农业或手工业已无力支撑家庭的收支平衡,充分反映了旧社会农村经济体制的问题。

(157)并且老陈老爷做丝生意"发"起来的时候,老通宝家养蚕也是年年都好,十年中间挣得了二十亩的稻田和十多亩的桑地,还有三开间两进的一座平屋。

(158)可是以后,两家都不行了。

(159)然而从老通宝懂事以来,他们家替这小长毛鬼拜忏念佛烧纸锭,记不清有多少次了。

在老通宝的回忆叙述中,陈老爷家繁荣的时候,他家在村里也是被人人羡慕的。陈老爷家"发"起来的时候,自己家也挣得了一些家产,可是后来两家都不行了,陈老爷家败得那么快。老通宝想不明白为什么陈老爷家的衰败会牵动到他家,他认为原因是当年陈老爷打死的"长毛鬼"在阴间告的状,牵连到了自己家,迫使自己家没有能力偿还债务。所以老通宝从懂事以来就祭拜"长毛鬼",但又痛恨洋鬼子。资本经济的干涉使得辛勤劳动的农民无法致富,以老通宝为代表的农民们难以维持生计,正是这种不正当经济势力的介入,才使得陈老爷家和老通宝家衰败,然而他们并没有意识到农村经济衰败的根本原因。

4.2.2.3 老通宝等人是否可靠

语篇《春蚕》的可靠性资源总计149个,与老通宝相关的评价资源有29个,与老通宝全家人相关的有25个,与四大娘相关的有14个,与荷花相关的有5个,与六宝相关的有8个,与多多头相关的有15个,与老通宝父亲相关的有5个,与村里的女人和孩子们相关的有8个,与根生相关的有1个,与全村人相关的有22个,与张财发相关的有5个,与陈家老爷相关的有2个,与阿四相关的有6个,与其他相关的有3个。以老通宝、四大娘、多多头以及全家人为主的可靠性资源共计83个,占到了大多数,具有前景化特征,他们是主要的被评价者。

(160) 老通宝像一匹疯狗似的咆哮着，火红的眼睛一直盯住了阿多的身体，直到阿多走进屋里去，看不见了，老通宝方才提过那"蚕台"来反复审察，慢慢地动手修补。

(161) 老通宝严禁他的小儿子多多头跟荷花说话。——"你再跟那东西多嘴，我就告你忤逆！"

(162) 小小宝也受到严厉的嘱咐，不许跑到荷花家的门前，不许和他们说话。

(163) 于是老通宝去找那黄道士详细问过了以后，便又和儿子阿四商量把茧子弄到无锡脚下去卖。

老通宝对于养蚕的事十分虔诚，十分迷信，也十分上心，他对于多多头和荷花在蚕房交谈的事很生气，看到多多离去后反复审察蚕房的台架。后来，老通宝在详细问过黄道士后和儿子阿四商量去无锡卖蚕茧，这体现他是一个谨慎处事的人。他同时也是一个迷信的人，还严禁多多头和荷花多嘴，嘱咐小小宝也不许和荷花说话。这些评价资源说明，老通宝是否可靠都是针对"白虎星"荷花而言的，他虽然谨慎、勤劳，但是过于迷信。作者为这个封建时代下的老农民烙上了时代印记，让读者认为他的做法多少有些不妥当。

(164) 四大娘气哄哄地回答；为了那"洋种"问题，她到现在常要和老通宝抬杠。

(165) 幸而再过了一天，四大娘再细心看那"布子"时，哈，有几处转成绿色了！而且绿的很有光彩。

(166) 四阿嫂！你们怎么不管事呀？

四大娘有时候不怎么同意老通宝的观点，要和他抬杠，这体现了这位妇人多少有自己的主张，值得依靠。同时，她在照顾春蚕时是细心的，说明其可靠性资源是积极的。虽然语篇中没有出现针对四大娘的负面评价资源，但是通过六宝的问话"四阿嫂，你们怎么不管事呀？"，可以看出这位妇人也反对荷花靠近自家的蚕房，她也多少和老通宝一样迷信，有时代烙印，在对待荷花的态度上多少有些不恰当。

(167) 就是小儿子阿多年纪青，有几分"不知苦辣"，可是毛头小伙子，大都这么着，算不得"败家相"！

(168) 老通宝骂他多嘴，他还是要说。

(169) 阿多像一个聋子似的不理睬老头子那早早夜夜的唠叨，他心里却在暗笑。

(170) 他知道单靠勤俭工作，即使做到背脊骨折断也是不能翻身的。

从例句（167）来看，多多头不同于老通宝老一辈，有几分"不知苦辣"，表面上并不是积极的评价。而从例句（168-170）来看，老通宝骂多多头多嘴，怕他和荷花的来往会毁了自家养蚕的运气，可多多头根本不理睬老通宝的唠叨，这体现了多多头并不迷信，他的可靠性资源是积极的。同时，他认为单靠勤俭工作是无法翻身脱离贫穷的，这些评价很可能令读者赞同多多头的先见之明，认同他的可靠性，同时支持多多头破除老通宝的封建思想。

(171) 他自己也是规矩人，他的儿子阿四，儿媳四大娘，都是勤俭的。

(172) 今年是特地全家少吃一餐饭，省下钱来买了"糊簟纸"来了。

(173) 那好比是誓师典礼，以后就要开始了一个月光景的和恶劣的天气和恶运以及和不知什么的连日连夜无休息的大决战！

老通宝全家人的可靠性资源是积极的，他们都是勤俭的人，为省下钱买"糊簟纸"，全家人特地少吃一餐饭，经过一个月连日连夜无休息的大决战，总算如他们所期望的，天老爷有眼睛春蚕丰收了。但是他们努力了一个月后的结果反而是，白赔上十五担叶的桑地和三十块钱的债。或许大多数读者期望老通宝全家在经历了一个月的忍饥挨饿后，能够通过春蚕的丰收为家庭带来回报，然而事与愿违，与读者预期相反。作者通过老通宝全家人养春蚕的实例说明，即使这些人积极可靠，也不可能在半殖民地半封建社会经济体制下获得可观的收益。老通宝全家人和全村人春蚕丰收欠债的主要原因依然是这种不恰当的半殖民地半封建社会经济体制。

4.2.2.4　荷花等人的行为是否道德

　　语篇《春蚕》的真诚性资源共计 2 个，评价老通宝父亲的忠厚，不具有显著特征。恰当性资源共计 130 个，与老通宝相关的有 11 个，与老通宝全家人相关的有 3 个，与荷花相关的有 39 个，与六宝相关的有 3 个，与多多头相关的有 13 个，与洋鬼子相关的有 35 个，与老通宝祖父相关的有 9 个，与张财发相关的有 2 个，与陈老爷家相关的有 3 个，与债主相关的有 7 个，与其他相关的有 5 个。从评价资源的数量来看，对于荷花的和洋鬼子的评价是最多的，合计占到了大多数，具有前景化特征。

　　与荷花相关的评价主要来自村里的人，集中体现在荷花偷偷进入老通宝家蚕房的事件上。老通宝、四大娘、六宝等都认为荷花是白虎星，村里人也严防荷花进入自家的蚕房。荷花偷偷地进入老通宝家的蚕房时，被多多头发现，多多头骂她心毒，恶意冲克他家的蚕宝宝，荷花斥责他们不曾将自己当人看。后来，六宝将此事告知老通宝，老通宝还骂了多多头，六宝也将这事当作话柄到处宣传。从这个事件不难看出，作者集中描写的目的在于突出全村人不恰当的言行，他们迷信般地对待荷花，认为她会带来厄运。

　　(174) 那母狗是白虎星，惹上了她就得败家，他这才知道这女人的恶意是要冲克他家的"宝宝"。
　　(175) 你真心毒呀！你们不把我当人看待！
　　(176) 这东西竟偷进人家"蚕房"来了，那还了得！
　　(177) 他们唯一的希望是那骚货或者只在廊檐口和阿多鬼混了一阵。
　　(178) 六宝见了人就宣传荷花的"不要脸，送上门去！"

对待荷花的不寻常，骂荷花是白虎星、不要脸、骚货，由此可见全村人是多么讨厌荷花。但是用这些话语用来评价一个人是不恰当的，究其原因，全村人是怕她冲了自家蚕宝宝的旺气，也是为了春蚕丰收才做出不恰当的言行。从全村人这些简单粗鲁的言行可以看出，他们希望春蚕丰收，谜一般地相信春蚕市场可以给予他们巨大的回报，可是春蚕丰收后他们却又欠了更多债。

4.2.3 商品化人物的品质和行为评价

4.2.3.1 典妻是否正常

语篇《为奴隶的母亲》的态势性资源总计40个，有关典妻的有18个，有关典妻的丈夫有5个，有关秀才的有4个，有关秀才大妻子的有2个，与其他人或物相关的有11个。从资源数量来看，典妻的评价应该占主要地位，具有前景化特征。其他相关人或物的评价资源有11个，但都是次要角色的评价资源。

(179) 他底妻简直痴似的，话一句没有。

(180) 倒霉的事情呀，我！——一点也没有别的方法了么？

(181) 这样的红的木橱，是她旧的家所没有的，她眼睛白晃晃地瞧着它。

(182) 婴儿底母亲呆呆地坐在房内底一边。

语篇中有关典妻的态势性资源都是负面的，她听到自己的丈夫将自己出租之后也只是发痴，没有一句话，最大的反应也只是大喊一声，无奈地接受。从她对这件事的回应"倒霉的事情呀"可以看出，她无力抗争。典妻来到秀才家后，她的眼睛白晃晃地盯着没有见过的红木橱柜，表现得不正常。典妻生下秋宝后无法高兴起来，这可以从她呆呆地坐在房间的描述中看出。究其原因，这种典妻交易的存在，使得典妻被出租，成为秀才生孩子的工具，从根本上来说，没有将典妻当作人来看待，反而当作商品来交易，这种交易本身是不恰当的行为。

4.2.3.2 典妻及其丈夫是否有能力

语篇《为奴隶的母亲》的能力性资源总计 159 个，与典妻相关的有 52 个，与典妻丈夫相关的有 50 个，与秀才相关的有 23 个，与秀才大妻子相关的有 7 个，与沈家婆相关的有 7 个，与春宝相关的有 7 个，与秋宝相关的有 2 个，与其他相关的有 2 个。从数量比例来看，典妻和她丈夫的能力性资源占大多数，具有前景化特征，他们是主要的被评价者。

(183) 你是养过三四个孩子的女人了，当然，你是知道什么的，你一定知道的还比我多。

(184) 她却怨恨她自己肚子底不会还债了。有一次，次年三月了，这妇人因为身体感觉不舒服，头有些痛，睡了三天。

(185) 有时，她倦坐在房外的沿廊下，初夏的阳光，异常地能令人昏朦地起幻想，秋宝睡在她底怀里。

(186) 妇人是一天天地黄瘦了。

(187) 当她走到一条河边的时候，她很想停止她底那么无力的脚步，向明澈可以照见她自己底身子的水底跳下去了。

(188) 伯伯，请你代我就近叫一顶轿子罢，我是走不回去了！

(189) 轿里躺着一个脸色枯萎如同一张干瘪的黄菜叶那么的中年妇人，两眼朦胧地颓唐地闭着。嘴里的呼吸只有微弱地吐出。

(190) 妇人走出来了，她昏迷的眼睛还认不清站在前面的。

(191) 妇人就不得已地站起来，向屋角上旋转了一周，一点也没有气力地对她丈夫说……

秀才的妻子评论典妻是养过三四个孩子的女人，比自己知道得多，说明典妻在养孩子的事情上有能力。然而典妻怀疑自己的能力，尤其是在秀才家度过一年多之后未见自己怀孕时。从语篇中可以看出，典妻是个体质虚弱的女人，如上述例句描述的一样：感觉不舒服、头有些痛、生完秋宝后一天天地黄瘦了、无力地蜷坐着、无力的脚步、脸色枯萎如同一张干瘪的黄菜叶那么的一般、两眼朦胧地颓唐地闭着、嘴里的呼吸只有微弱地吐出、昏迷的眼睛、一点也没有力气。这些能力性资源集中体现了这位母亲的身体状况，也说明她作为典妻被出租前后的能力是负面的。对于一个体质虚弱的妇女来说，再生育孩子本身就不恰当，可无情的丈夫将她出租给秀才，为秀才生儿子传宗接代，这种做法本身就是不合理的，缺少人性的温暖。

（192）在穷底结果的病以后，全身便变成枯黄色，脸孔黄的和小铜鼓一样，连眼白也黄了。

（193）别人说他是黄胆病。

（194）再也没有办法了，这样下去，连小锅子也都卖去了。不过我仔细想，除出将你底身子设法外，再也没有办法了。

（195）倒霉，我也想到过，可是穷了，我们又不肯死。

（196）"你，是呀，"她底丈夫病后的无力的声音，"我已经将你出典了……"

（197）他气喘着说……

（198）奔跑了一上午，哀求了一上午，又到城里买礼物，走得乏了，饿了，也迟了。

（199）我又那里有钱给他请医生吃药，所以现在，病是更厉害了！

（200）……听说她底亲夫连饭也没得吃，她不必摆阔了。

例句（192-193）评价典妻丈夫是否有能力，无力养家、全身枯黄、又有黄疸病，从这些评价可以看出或许他是被迫将妻子出租给秀才生孩子。例句（194-195）是典妻丈夫描述自己为什么将妻子出租给别人。例句（196-197）评价典妻丈夫在告知典妻时的状态，他的声音是无力的，他气喘着说话。典妻丈夫曾凶残地打死自己的女儿，又为了钱财准备将自己妻子出租，生病时有气无力地说话，读者可以从这些评价资源得知，典妻丈夫是一个没有能力的人。例句（198-199）也是评价典妻丈夫是否具有能力，他到城里借钱可四处无门，累了、饿了之后告诉典妻春宝生病了，没有钱医治病得更厉害了。例句（200）是秀才大妻子对于典妻丈夫的评价,说明他连饭都吃不起。无论是抚养孩子,还是养活自己,都说明典妻丈夫不具有能力承担家庭责任。

什么因素致使这位男子将自己的妻子出租呢？在旧社会,普通百姓家庭的人无力存活,只能做出一些不合情理、丧失道德的荒诞交易,例如卖儿卖女、出租妻子。原本典妻丈夫是个插秧的好手,可以靠双手挣钱,可后来吸烟、赌博和喝酒,加上他得了黄疸病,生存的压力迫使他计划出租自己的妻子,令读者愤慨。这应该是作者引导读者产生共鸣的地方,对于旧社会人们生活困苦的理解,对于旧社会不恰当交易的鞭挞,也是作者引导读者疏远旧社会体制的手段,突出了语篇的主题。

4.2.3.3 典妻等人是否可靠

语篇《为奴隶的母亲》的可靠性资源共计121个,其中与典妻相关的评价资源有35个,与典妻丈夫相关的有24个,与秀才相关的有25个,与秀才大妻子相关的有11个,与沈家婆相关的有6个,与春宝相关的有7个,与其他相关的有15个。从数量上来看,典妻、典妻丈夫以及秀才的可靠性资源占大多数,具有前景化特征,他们是主要的被评价者。

(201) 年纪约三十岁左右,养过两三个儿子的,人要沉默老实,又肯做事,还要对他底大妻肯低眉下首。

(202) 她先将春宝底几件破衣服都修补好,春将完了,夏将到了,可是她,连孩子冬天用的破烂棉袄都拿出来,移交给他底父亲——实在,他已经在床上睡去了。

(203) 这样以后,她望见秀才从外面回来而旁边没有她坐着的时候,就非得急忙避开不可。

(204) 即使她在旁边,有时也该让开一些,但这种动作,她要做的非常自然,而且不能让旁人看出,否则,她又要向她发怒,说是她有意要在旁人的前面暴露她大娘底丑恶。

(205) 她还算是聪明的,有时老妇人底换下来的衣服放着,她也给她拿去洗了,虽然她说……

(206) 还是早些脱离罢,她简直探子一样地监视着我了。

(207) 她吞下她底眼泪，向她底丈夫说……

(208) 本来我很想再留你两年的，现在，你还是到明春就走罢！

(209) 走走好罢，到那边轿钱是那边付的。

从沈家婆口中得知，秀才大妻子需求的是肯做事、能对自己低眉下首的典妻，正是因为这位妇人可靠，才成了秀才的典妻。典妻在离开之前，修补好春宝的破衣服，整理好春宝冬天的衣服，这说明她是一名可靠的母亲。例句（203-205）描述了典妻在秀才家的情形，她特别顾及秀才大妻子的感受，急忙避开坐在自己身旁的秀才，不让别人看出自己刻意这样做，经常替秀才的大妻子洗衣服，这些行为都证明典妻是一个可靠的人。

不过秀才的大妻子并不这样认为，她觉得典妻在自己面前摆姨太太的架子，被惯着了，因此经常破口大骂，监视典妻的一举一动。典妻得知儿子春宝病了，心像被猫抓一样，还得含泪控制自己的情绪，顾及秀才大妻子的感受。可是，这样一位可靠的妇人，在生完秋宝后，依然被赶出了秀才家，走的时候身无分文。如此可靠的妇人本应该过上好日子，或者不应该有这样悲惨的命运，那么是什么导致这位妇人的悲惨命运呢？究其原因，正是这种不合理、不恰当的典妻交易。

(210) 这样，竟使他变做一个非常凶狠而暴躁的男子，但也就更贫穷下去，连小小的移借，别人也不敢答应了。

(211) 你跟着我挨饿，有什么办法呢？

(212) 三天前，王狼来坐讨了半天的债回去以后，我也跟着他去，走到了九亩潭边，我很不想要做人了。但是坐在那株爬上去一纵身就可落在潭里的树下，想来想去，总没有力气跳了。

(213) 你还将妻养在家里做什么呢，你自己黄也黄到这个地步了？

(214) 你跟爸爸在家里，爸爸会照料宝宝的。

(215) 爸爸不再打你了。

与典妻相比，典妻丈夫的可靠性资源大多表现为消极的、负面的。他是一个脾气暴躁的人，连小小的移借，别人也不敢答应了，王狼也讨他还债。他想过自尽，可总没有力气跳水自溺。他无力养活妻子，在听完沈家婆的劝说"你还将妻养在家里做什么呢"之后，将妻子出租换钱。典妻在离开时，告诉春宝他爸爸会照顾他，春宝却害怕被爸爸打。典妻原以为丈夫应该会照顾好春宝，不会再打春宝。然而，她后来得知春宝生病了，如果自己不救，春宝可能会死掉。这样一个不可靠的丈夫可以出租自己的妻子，也曾打死了一个自己的孩子，还没有照顾好春宝。读者不难想象，典妻的命运是多么悲惨。

(216) 停了一息说："他答应轿子来接。"

(217) 又停了一息："也答应轿夫一早吃好早饭来。"

(218) 那老头子——实在并不老，脸上很白白的，也没有留胡子，因为读了书，背有些偻偻的，斯文的模样。

(219) 声音是轻轻的，又用手去牵着她底袖子。

(220) 他镇日地笑微微，能找到的东西，总忙着给她找来。

(221) 他亲身给她到街上去买橘子，又托便人买了金柑来。

(222) 假如你这一次真能养出一个男孩子来，我当送你两样宝贝——我有一只青玉的戒指，一只白玉的……

(223) 关于孩子底名字，秀才是煞费苦心地想着，但总想不出一个相当的字来。

(224) 总是前夫和前儿好，无论我对你怎么样！

秀才的评价资源大多是积极的，他答应典妻丈夫在交易之后支付一百元钱，答应用轿子来接典妻，也答应让轿夫早点过来，并且也的确做到了。他读过书，模样斯文，和典妻说话时声音是轻轻的，平时总是给典妻找一些她想吃的东西，亲自去街上买橘子，还托人买金柑。如果典妻生下男孩的话，他愿意送她两件宝贝。他会为孩子的名字煞费苦心地想着，也会为典妻操心儿子病情的事情吃醋。

秀才对典妻的关心远远超过了她的丈夫，这显得秀才比典妻丈夫更可靠。作者的高明之处在于让读者看到秀才对典妻的好，又看到典妻丈夫对待典妻的坏，引导读者体会典妻的选择，到底是留在秀才家照顾秋宝，还是回到原来的家照看春宝，进而引导读者对这种典妻交易产生厌恶。

4.2.3.4 典妻是否真诚

在语篇《为奴隶的母亲》中，社会约束的评价资源总共有160个，其中真诚性资源有24个，恰当性资源有136个。与典妻相关的真诚性资源共计18个，与秀才相关的有3个，与秀才大妻子相关的有3个。从数量来判断，典妻的真诚性评价资源占主要地位，具有前景化特征，她是主要的被评价者。

(225) 她说她装娇，噜噜苏苏地也说了三天。

(226) 她先是恶意地讥嘲她：说是一到秀才底家里就高贵起来了，什么腰酸呀，头痛呀，姨太太的架子也都摆出来了。

(227) 现在呢，因为"老东西"——这是秀才的妻叫秀才的名字——趋奉了她，就装着娇滴滴的样子了。

(228) 此刻，不过是一块血的猫头鹰，就这么的装腔，也显得太早一点！

(229) 她又那里有钱呢，听说她底亲夫连饭也没得吃，她不必摆阔了。

典妻是否真诚的评价资源主要来自秀才的大妻子，她的评价都是负面的。她说典妻装娇，一到秀才底家里就高贵起来了，装着娇滴滴的样子，装腔，爱孩子是假的，坐轿子回家是摆阔。由此可以看出，秀才的大妻子讨厌典妻的存在，由于无法生育才同意秀租个妻子传宗接代，但不同意秀才纳妾。

秀才大妻子（老妇人）辱骂典妻的话在语篇中多次出现。如果典妻没有干完家务或者和秀才亲近，老妇人破口大骂。当典妻孕期反应剧烈时，老妇人骂她装娇、假高贵。当秀才想永远留住典妻时，老妇人坚决反对，并狠狠地骂了秀才。当典妻离开的时候，她也没有好言好语，反而冷嘲热讽地数落典妻，狠命地将秋宝从典妻手里夺走。

封建时代男子可以纳妾,但正娶的妻子地位最高,排行最大。大妻子应该起到示范作用,如贤良淑德、相夫教子、仪范柔闲等,而秀才的大妻子却是一个泼妇,无法接纳典妻的存在,把典妻当作佣人使唤,说骂就骂,把典妻看作租来的物品。她评价典妻的真诚性资源都是负面的,反而凸显了她为人言语刻薄,待人处事是多么地不恰当,有失得体。

4.2.3.5 秀才妻子等人的行为是否道德

语篇《为奴隶的母亲》的恰当性资源总计 136 个,占社会约束的比例为 85%。在恰当性资源中,与典妻相关的评价资源有 31 个,与典妻丈夫相关的有 16 个,与秀才相关的有 31 个,与秀才大妻子相关的有 63 个,与黄妈相关的有 2 个,与春宝相关的有 5 个,与秋宝相关的有 3 个,与债主王狼相关的有 2 个。从数量来看,秀才大妻子的恰当性资源个数最多,具有前景化特征,她是主要的被评价者。

在秀才大妻子(老妇人)的评价资源中,有 16 个评价资源来自作者的评价,有 14 个来自秀才的评价,有 29 个来自典妻的评价,有 4 个来自沈家婆。从数量来看,典妻对秀才大妻子的评价可以说明她的言行是否符合道德规范。

(230) 她知道这个老妇人是猜忌多心的,外表虽则对她还算大方,可是她底嫉妒的心是和侦探一样,监视着秀才对她的一举一动。

(231) 即使她在旁边,有时也该让开一些,但这种动作,她要做的非常自然,而且不能让旁人看出,否则,她又要向她发怒,说是她有意要在旁人的前面暴露她大娘底丑恶。

(232) 而且以后,竟将家里的许多杂务都堆积在她底身上,同一个女仆那么样。

(233) 还是早些脱离罢,她简直探子一样地监视着我了。

在典妻的描述中,这位老妇人是一个猜忌多心的角色,她嫉妒典妻,像侦探一样监视着秀才与典妻之间的一举一动,也监视着典妻的一切。她对自己的丈夫不信任,对典妻不信任。从老妇人监视秀才和典妻的行为可以看出，她的行为并不符合道德规范。

语篇并未直接说明秀才的大妻子是否抵触这庄典妻交易，而是通过典妻的评价间接暗示了她抵触典妻的存在。这位大妻子的不合情理行为，例如让典妻去喂猪、洗衣服，骂典妻在旁人面前暴露自己的丑恶，百般刁难典妻，显示了她抵触典妻的存在。她的言行并不符合道德规范。

语篇中也有一些来自秀才的评价资源，用来刻画秀才大妻子的形象。秀才从未家暴过自己的妻子，但长期的容忍使老妇人变得和娘娘一般地难惹了，说话如犬吠，连最亲近的长工也要辱骂。从秀才的评价来看，他反感大妻子的言行，这也侧面说明秀才大妻子的言行举止并不恰当。

(234) 她以前很爱那个长工，因为长工要和烧饭的黄妈多说话，她却常要骂黄妈的。

(235) 结婚了三十年，没有打过她一掌，简直连指甲都没有弹到她底皮肤上过，所以今日，竟和娘娘一般地难惹了。

(236) 不要哭罢，不要哭罢，随她吠去好了！

除了上面两人对秀才大妻子的评价，语篇中还有作者对这位老妇人的评价。当典妻孕期身体不适时，老妇人看不惯秀才体贴典妻，于是冷嘲热骂了一番，说话刻毒锐利，完全不顾典妻和秀才的感受。作者还评价这位老妇人脸孔慈善而眼睛凶毒，换言之，慈善的脸庞下隐藏着凶毒的心思。

(237) 当晚这妇人没有吃晚饭，这时她已经睡了，听了这一番婉转的冷嘲与热骂，她呜呜咽咽地低声哭泣了。

(238) 在身边的较远的门口，却站着这位脸孔慈善而眼睛凶毒的老妇人，目光注视着她。

(239) 老妇人似乎还有许多刻毒的锐利的话，可是秀才走远开听不见了。

综合三人的评价来看，语篇中老妇人的恰当性资源基本为负面的、消极的。这些资源勾勒了一个丑陋、心思歹毒、言语刻薄的老妇人形象，说明了老妇人的言行举止并不符合道德规范,也疏远了读者和老妇人之间的距离。

4.2.4 底层众生的品质和行为评价

4.2.4.1 老七丈夫等人是否正常

语篇《丈夫》的态势性资源总计21个,其中与老七丈夫相关的评价资源有9个,与掌班大娘相关的有2个,与嫖客或醉鬼等人相关的有6个,与其他相关的有3个。从数量来看,老七丈夫和嫖客等人的评价资源数量最多,具有前景化特征,他们是主要的被评价者。

嫖客或醉鬼等人大多喝酒后摇摇荡荡地、踉踉跄跄地上了船,大声地嚷要亲嘴要睡觉。他们的举止行为完全没有礼貌,有失得体,所以他们的评价都是负面的、消极的。

(240) 来了客,一个船主或一个商人,穿生牛皮长统靴子,抱兜一角露出粗而发亮的银链,喝过一肚子烧酒,摇摇荡荡的上了船。一上船就大声的嚷要亲嘴要睡觉。

(241) 两个醉鬼踉踉跄跄到了船边,两手全是污泥,手板船沿,像含胡桃那么混混胡胡的嚷叫:"什么人唱,报上名来!"

老七丈夫经历了很多在乡下见不到的场面,觉得自己的妻子在船上受苦,决定和妻子一起回乡下。按常理来讲,老七丈夫已婚会更成熟一些,历经世事沧桑后会更稳重一些,然而他像小孩子那样莫名其妙的哭了起来,说明他的行为此刻不正常,仿佛受了委屈。五多看见老七丈夫在哭,认为这是怪事,好笑。

(242) 男子摇摇头,把票子撒到地下去,两只大而粗的手掌捂着脸孔,像小孩子那样莫名其妙的哭了起来。

(243) 五多心想这真是怪事,那么大的人会哭,好笑!

从他们的态势性资源来看，这些人负面的行为举止都是由船妓生意引发的。嫖客和醉鬼等人认为花钱的自己就是顾客，可以随意任性。而老七丈夫认为当别人欺负自己的妻子时，自己无力保护，羞愧地哭了起来，这样的举动引来了五多的笑意。实际上，这些人不正常的行为举止都是由于这种不恰当的船妓生意的存在。

4.2.4.2 老七丈夫等人是否有能力

语篇《丈夫》的能力性资源共计 105 个，与老七相关的评价资源有 8 个，与老七丈夫相关的有 33 个，与掌班大娘相关的有 14 个，与水保相关的有 39 个，与五多相关的有 1 个，与嫖客或醉鬼等人相关的有 6 个，与其他相关的有 8 个。从数量来判断，老七丈夫和水保的能力性资源占大多数，具有前景化特征，他们是主要的被评价者。

(244) 她们从乡下来，从那些种田挖园的人家，离了乡村，离了石磨同小牛，离了那年青而强健的丈夫，跟随了一个同乡熟人，就来到这船上做生意了。

(245) 他懂事，女人名分仍然归他，养得儿子归他，有了钱，也总有一部分归他。

年青且强健的丈夫要将自己的妻子送到三十里外的船上做生意，服务一些来往的客人。这些女人来自乡下，用她们的肥臀腰身来服侍那些客人过夜。丈夫懂事，知道女人赚来的钱有一部分归他。表面上看起来，丈夫的能力是积极的。

(246) 年青人毫无拘束的还加上许多粗话蠢话。

(247) 胡想使他心上增加了愤怒，饥饿重复揪着了这愤怒的心，便有一些原始人不缺少的情绪，在这个年青简单的人情绪中滋长不已。

(248) 他不能再唱一首歌了。

(249) 大娘像是明白男子的心事，明白男子的欲望，也明白他不

第 4 章　态度意义与评价主旨

懂事，故只同老七打知会，"巡官就要来的！"

老七丈夫来到船上，目睹了很多事情后，加上饥饿，这位年青简单的男子在内心深处滋生了一种原始人不缺少的愤怒，使得他不能再歌唱。从这里可以看出，他的能力性资源都是消极的。

为什么老七丈夫的能力性资源起初都是积极的，后面都是消极的？这与他在船上的经历密切相关，他的负面评价主要来自他看到自己的妻子被别人欺负后所产生的愤怒情绪。如果他不曾让妻子从事这种不恰当的生意，可能水保和大娘也不会认为他没有能力，说蠢话，不懂事。

水保也是一个主要的被评价者，他的评价资源主要来自作者和老七丈夫的评价。作者评价水保的资源体现为积极的、正面的，他对水面上的事情无有不知，有钱，已婚已育，过着舒适的生活，从水上一霸转变成了一个和平正直的人。

（250）做水保的人照例是水上一霸，凡是属于水面上的事情他无有不知。

（251）但人一上了年纪，世界成天变，变去变来这人有了钱，成过家，喝点酒，生儿育女，生活安舒，慢慢的转成一个和平正直的人了。

在老七丈夫的眼里，这个水保是有身份的、尊贵的人物，如同伟人一样。老七丈夫常年生活在乡下，没有见过大世面，所以他认为水保一定是大人物，是老七的财神。他评价水保的话语是积极的、正面的，说明他认为水保是一个有能力的人。

（252）这男子，明白这是有身份的主顾了，就学着城市里人说话："大爷，您请里面坐坐，她们就回来。"

（253）他还是第一次和这样尊贵的人物谈话，他不会忘记这很好的印象的。

（254）他记起那伟人点头同发言，一个督抚的派头，一个省长的身份——这是老七的财神!

从作者和老七丈夫评价水保的资源来判断,水保展现出积极的人物形象,有能力保护河边的船妓生意;而在乡下勤劳本分的男子却成为消极的人物形象,没有能力保护自己的妻子。这种对比说明一个人是否有能力并不取决于他是否本分、是否勤劳,这种对比本身就是一种讽刺,对这种荒诞、不合理、不恰当的船妓生意的讽刺。

4.2.4.3 老七丈夫等人是否可靠

语篇《丈夫》的可靠性资源共计95个,其中与老七相关的评价资源有19个,与老七丈夫相关的有46个,与水保相关的有18个,与五多相关的有6个,与嫖客或醉鬼等人相关的有6个。从数量来看,老七丈夫的可靠性资源数量最多,具有前景化特征,他是主要的被评价者。

作者在语篇中评价老七丈夫是一个耐劳、在家安分过日子、手足贴地的乡下人。从老七丈夫的举止来判断,他上船后小心小心地放好布鞋,小心小心地撑着篷架望着来人,小心小心地放轻声音。他告诉水保自己和老七生宝宝的计划,并让水保相信自己不是一个张三拿四的人。这些都说明老七丈夫是一个可靠之人,他的可靠性资源是积极的。

(255)所以许多年青的丈夫,在娶媳妇以后,把她送出来,自己留在家中耕田种地,安分过日子,也竟是极其平常的事情。

(256)玩过后,仍然由那旧地方转到船上,小心小心已使声音放轻,省得留在舱里躺到床上烧烟的客人发怒。

(257)甚至于希望明年来一个小宝宝,这样只合宜于同自己的媳妇睡到一个枕头上商量的话也说到了。

(258)因为不说话,他就怯怯的望到水保微笑,他要人了解他,原谅他——他是一个正派人,并不敢有意张三拿四。

语篇中也出现了一些可靠性资源,说明老七丈夫是一个小气、牛脾气的人,他一定要离开这里。

(259) 教你看船船也不看，要回去，什么人得罪了你，这样小气？

(260) 老七摇摇头，叹了一口气，"牛脾气，让他去。"

(261) 一定要走了，老七很为难，走出船头呆了一会，回身从荷包里掏出昨晚上那士兵给的票子来，点了一下数目，一共四张，捏成一把塞到男子左手心里去。

结合上述可靠性资源来看，前后形成了明显对比。老七丈夫原本是一个可靠之人，作者、水保等人对他的评价大多为积极的。然而，水保让老七陪夜的话惹恼了男子，做饭的柴火被人捡走的事也使得他心里滋生了愤怒的情绪。后半夜醉鬼闹船的事，加上巡官也让老七陪夜的事让这位男子生了牛脾气，决定离开。

老七丈夫心理变化的轨迹清晰可循，他看够了河船上的生意，觉得自己的妻子遭受委屈，发自内心地厌恶这种船妓生意，准备带着老七离开这里。老七丈夫在接触到这种不恰当的船妓生意之后，他的可靠性资源也随之发生了从积极到消极的转变，从侧面说明了船妓生意对于小说人物的负面影响。

4.2.4.4 老七丈夫是否真诚

语篇《丈夫》的真诚性资源共计26个，其中与老七相关的评价资源有2个，与老七丈夫相关的有10个，与掌班大娘相关的有5个，与水保相关的有3个，与巡官相关的有2个，与其他相关的有2个。从数量来看，老七丈夫的评价资源最多，具有前景化特征，他是主要的被评价者。

(262) 事情非常简单，一个不亟亟于生养孩子的妇人，到了城市，能够每月把从城市里两做上所得的钱，送给那留在乡下诚实耐劳、种田为生的丈夫，在那方面就过了好日子，名分不失，利益存在。

(263) 那里出强健女子同忠厚男子。

(264) 因为不说话，他就怯怯的望到水保微笑，他要人了解他，原谅他——他是一个正派人，并不敢有意张三拿四。

老七丈夫的真诚性资源全部是积极的评价，说明他是一个诚实、忠厚和正派的人。这些评价的作用在于树立一个正面的形象，并拉近读者和老七丈夫之间的距离。

4.2.4.5　老七丈夫等人的行为是否道德

语篇《丈夫》的恰当性资源总计 143 个，与老七相关的评价资源有 21 个，与老七丈夫相关的有 30 个，与掌班大娘相关的有 4 个，与水保相关的有 36 个，与醉鬼和嫖客等人相关的有 34 个，与其他人或物相关的有 18 个。从数量来看，水保、老七丈夫、醉鬼和嫖客等人的恰当性资源占大多数，具有前景化特征，他们是主要的被评价者。

水保在语篇中是一个重要的角色，他的恰当性资源既有消极的评价，也有积极的评价。具体而言，水保年轻时杀过人，被人把眼睛抠瞎了，是水上一霸，敢挑战官府和法律。这些消极的评价资源说明他的行为并不符合道德规范。

(265) 这独眼据说在年青时因殴斗杀过一个水上恶人，因为杀人，同时也就被人把眼睛抠瞎了。

(266) 做水保的人照例是水上一霸，凡是属于水面上的事情他无有不知。

(267) 这人本来就是个吃水上饭的人，是立于法律同官府对面，按照习惯被官吏来利用，处治这水上一切的。

相反，水保也许是上了年纪，也许是船妓生意为其带来福利，他也便亲近了船家，做了很多船妓的干爹，同时又受人尊敬。这些积极的评价资源说明水保的权利大，管理着水边船妓的生意，在政府和船家之间左右逢源，但水保的人物形象是一个人精，游走在权力和利益之间，道德规范很难约束他的行为。

(268) 在职务上帮助官府，在感情上却亲近了船家。

(269) 在这些情形上面他建设了一个道德的模范。他受人尊敬不下于官，却不让人害怕厌恶。

(270) 由于这些社会习惯的联系，他的行为处事是靠在水上人一边的。

老七丈夫不满水保的要求，不愿意老七晚上接待水保，所以他评价水保行为的资源都是消极负面的。这些评价资源说明水保提出要求时毫不客气，完全没有顾及老七丈夫的想法。

(271) 该死的话，是那么不客气的从那吃红薯的大口里说出！
(272) 为什么要说这个！

醉鬼和嫖客等人的恰当性资源占有一定的数量，与他们相关的评价资源都是消极负面的，可以看出他们的行为举止并不符合道德规范。在河船上来往的醉鬼和嫖客们很容易辨认出来，他们说话粗俗，行为放荡，言行举止完全不恰当。他们在船上寻欢作乐，随心所欲，根本不会顾及社会道德规范。

(273) 上了船，花钱半元到五块，随心所欲吃烟睡觉，同妇人毫无拘束的放肆取乐。

(274) 并且即刻听到用石头打船篷，大声的辱宗骂祖，一船人都吓慌了。

(275) 不一会，醉人已经进到前舱了，两个人一面说着野话，一面还要争夺同老七亲嘴，同大娘、五多亲嘴。

(276) 大娘不敢作声，老七也无了主意，两个酒疯子就大声的骂人。

老七丈夫的恰当性资源也占有一定的数量，相关的评价资源既有积极的也有消极的评价。

(277) 丈夫把糖含在口里，正像仅仅为了这一点理由，就得原谅媳妇的行为，尽她在前舱陪客，自己仍然很和平的睡觉了。

(278) 好像单单是这样答应，还深恐开罪了来人，这时觉得有一点义务要尽了，这男子于是从暗处爬出来，在舱口，小心小心板着篷架，非常拘束的望着来人。

以老七丈夫积极的评价资源为例，在无法与自己的妻子亲近时，他得原谅妻子，在水保来船上巡视时，男子深恐开罪了水保。老七丈夫对妻子宽容大度，对水保谦卑礼让，由此判断，他的行为符合道德规范。但是老七丈夫也有一些消极的评价资源。

(279) 年青人毫无拘束的还加上许多粗话蠢话。
(280) 一个不安分的估计在心上滋长了。
(281) 正似乎为装满了钱钞便极其骄傲模样的抱兜，在他眼下再现时，把原有和平失去了。

从水保的评价来看，老七丈夫的言谈举止粗俗愚蠢，不适合水边船上的生活。从作者的评价来看，老七丈夫在经历一连串的事情之后，内心发生了改变，心里滋生了不安分的想法，也失去骄傲模样的神情。表面上老七丈夫的言行偏离了道德规范，实际上都是受到了船妓生意的影响，他感到侮辱，失去了原有的和平。

4.2.5 小结

在收集的语料中，判断意义的分布模式非常相似，即弱势群体或反面人物的评价资源以消极评价为主，这有助于突出小说的人物形象。语篇《包身工》中与弱势群体相关的评价资源基本都是消极的，例如包身工的生活、工作环境，与管理者相关的评价资源也是消极的，旨在说明包身工的悲惨和管理者的恶毒。语篇《春蚕》在评价老通宝全家时使用了一些积极的评价资源，如他们全家准备养蚕时的积极评价，而大多数情况下都使用了消极的评价资源，如全村人担心春蚕欠收时多个人物形象的消极评价。语篇《为奴隶的母亲》在评价典妻和秀才的形象时使用了积极的评价资源，而大多数情况下都使用了消极的评价资源，如秀才大妻子的消极评价说明她的言行并不符合道德规范，典妻的消极评价说明她的健康状况不佳。语篇《丈夫》中与主要人物相关的评价资源多数表现为消极的评价，例如弱势人物（如老七丈夫）的评价资源从积极转向消极，说明人物形象的改变受环境影响，而反面人物（如水保）的评价资源以消极为主，有助于负面的人物形象的建构。

所有的评价资源都是作者选择的结果，用来服务于人物形象建构或语篇主题概括。然而，并不是所有的评价资源都具有显著的文体特征，并非都能够揭示语言评价和语篇主题或人物形象之间的关系。沿着这个思路，本书着眼于具有显著特征的评价资源，以此为出发点，探讨语言评价与人物形象或语篇主题的关系。

上述语篇的主要人物都具有显著的评价资源，他们的角色形象体现出作者对于积极或消极评价资源的选择。例如，包身工的形象建构于四个方面的评价资源，包括她们是否正常、是否有能力、是否可靠，以及其行为是否恰当，这四个方面的评价资源都是消极的评价，且具有显著特征。此外，根据作者选择的评价资源，我们还可以判断出作者的评价动机。这些评价资源都有一个明确的导向，以某个评价范畴为中心展开语篇，从而反映作者的写作意图。例如作者想要控诉包身工制度的存在，因此利用消极的评价资源塑造包身工的形象，以道德规范为中心，通过对比包身工的吃苦耐劳和管理者的残暴歹毒，从而传达自己的批判意图。

4.3 鉴赏资源与环境评价

文学语篇的环境成分在一定程度上丰富了事件进展的细节，烘托了人物形象的塑造，以及映射了语篇主题的表达。在收集的语料中，说明事物构成的评价资源（构成性）比例偏低，不具有显著性特征，本书将不再讨论事物构成的评价资源。

根据表 4.4 的简单计算得知，语篇《丈夫》的反应性资源比例最高，语篇《包身工》的比例最低。再者,语篇《丈夫》的估价性资源比例最低,语篇《包身工》的比例最高。这说明作者对于事物的描写力度并不一样,可能取决于作者的评价动机,是否与语篇主题的表达相关,需要进一步探讨。

表 4.4 鉴赏资源的数量

类别	《包身工》	《春蚕》	《为奴隶的母亲》	《丈夫》
反应性	48	177	102	173
构成性	7	12	15	4
估价性	79	214	70	74
总计	134	403	187	252

4.3.1 反应性与环境烘托

4.3.1.1 包身工的居住环境

语篇《包身工》的反应性资源共计 48 个,其中与包身工居住环境相关的评价资源有 35 个,与包身工的身体相关的有 3 个,与拿摩温相关的有 1 个,与男子相关的有 2 个,与其他相关的有 3 个。从数量来判断,包身工居住环境的评价资源占多数,具有前景化特征,它是主要的被评价者。

(282) 旧历四月中旬,清晨四点一刻,天还没亮,睡在拥挤的工房里的人们已经被人吆喝着起身了。

(283) 七尺阔、十二尺深的工房楼下,横七竖八地躺满了十六七个被骂做"猪猡"的人。

(284) 跟着这种有威势的喊声,充满了汗臭、粪臭和湿气的空气里,很快地就象被搅动了的蜂窝一般骚动起来。

(285) 像鸽笼一般,每边八排,每排五户,一共是八十户一楼一底的房屋,每间工房的楼上楼下,平均住宿三十多个人。

(286) 红砖"罐头"的盖子——那扇铁门一推开,带工老板就好象赶鸡鸭一般把一大群没有锁链的奴隶赶出来。

包身工居住环境的评价在一定程度上有助于作者刻画包身工的形象。作者从包身工居住环境的评价入手，如拥挤的，像鸽笼一般，充满了汗臭、粪臭和湿气的空气里等，利用这些评价资源说明包身工的居住环境是否引人注目。语篇中包身工的居住环境引起了读者强烈的关注，令读者思考为什么包身工居住环境如此恶劣，却还能继续为管理者卖命。管理者的毒打使得包身工们不敢停止工作。语篇中的反应性资源集中评价了包身工的居住环境，旨在触发读者的态度意义，即对包身工报以同情，同时否定这种不适宜的居住环境。

4.3.1.2 乡村生活环境

语篇《春蚕》的反应性资源总计177个，与老通宝及相关事物联系的反应性资源共有125个，与四大娘及相关事物联系的有10个，与荷花相关的有19个，与多多头相关的有6个，与其他相关的有7个。来自老通宝本人的评价资源数量占了大半，具有前景化特征，与他相关的反应性资源是主要的评价资源。

引人注目的事物是老通宝脸部的反应性资源，如焦黄的皱脸、干皱的老脸。这些描述突出了劳动人民的形象，并没有明显的态度标记。

(287) 老通宝抬起他那焦黄的皱脸，苦恼地望着他面前的那条河，河里的船，以及两岸的桑地。

(288) 老通宝哭丧着干皱的老脸，没说什么，心里却觉得不妙。

引人喜爱的事物莫过于老通宝所评价的河水、田野、菜花、桑叶、蚕茧、洋钱等，如绿油油的桑叶。还有全村弥漫着的快乐，如紧张的快乐。

(289) 他们想像到一个月以后那些绿油油的桑叶就会变成雪白的茧子，于是又变成丁丁当当响的洋钱，他们虽然肚子里饿得咕咕地叫，却也忍不住要笑。

(290) 紧张的快乐弥漫了全村庄，似那小溪里琮琮的流水也像是朗朗的笑声了。

从上述反应性资源来看，有很多引人注目和引人喜爱的事物，似乎与语篇主题没有直接联系。实际不然，作者有意评价村庄的事物是否引人注目、是否招人喜欢，为突出语篇主题做好铺垫。从评价老通宝焦黄干瘪的老脸到评价村庄弥漫着的快乐氛围，这些反应性资源反映出全村人对春蚕丰收的期盼。将这些期盼与丰收后的实际情况进行对比，可以发现丰收欠债的残酷事实。这些反应性资源实际上是围绕语篇主题展开的，有助于揭露丰收欠债背后不恰当的经济体制。

4.3.1.3 典妻的生活环境

语篇《为奴隶的母亲》的反应性资源总计102个，与生活场景相关的有37个，与典妻相关的有4个，与典妻丈夫相关的有3个，与秀才相关的有19个，与秀才大妻子相关的有3个，与债主相关的有1个，与春宝相关的有4个，与秋宝相关的有20个，与其他相关的有4个。从数量来看，与生活场景和秋宝相关的资源数量合计超过了一半，具有前景化特征，是主要的评价资源。

语篇中让人喜爱的事物主要集中在了秋宝身上，活泼可爱等评价让读者也能体会到典妻是多么喜欢秋宝，舍不得离开秋宝，可惜最终典妻还是被秀才大妻子赶出了家门。

（291）一个月以后，婴儿底白嫩的小脸孔，已在秋天的阳光里照耀了。

（292）秋宝是天天成长的非常可爱地离不开他底母亲了。

（293）他有出奇的大的眼睛，对陌生人是不倦地注视地瞧着，但对他底母亲，却远远地一眼就知道了。

（294）而且想象中的春宝，也同眼前的秋宝一样活泼可爱，她既舍不得秋宝，怎么就能舍得掉春宝呢？

与生活场景相关的反应性资源数量最多，其中最引人注目的是典妻回家时所经历的各种场景所包含的悲凉氛围。虽然太阳是暖和的，但是回家的路竟和天一样无穷止地长，这反映出典妻内心疲惫。她回家时坐的轿子是没有篷的,穿过的街道是狭窄、污秽的,这样的环境足以吸引读者的注意力。通过环境的描写,作者烘托出一种悲凉的气氛,带领读者身临其境般感受典妻的悲苦。

(295)暖和的太阳所照耀的路,在她底面前竟和天一样无穷止地长。

(296)下午三四时的样子,一条狭窄而污秽的乡村小街上,抬过了一顶没有篷的轿子,轿里躺着一个脸色枯萎如同一张干瘪的黄菜叶那么的中年妇人,两眼朦胧地颓唐地闭着。

典妻回到家,她的家是灰暗的,睡觉的狭床板是龌龊的。她回家的那个夜晚是沉静而寒冷的,死一般的长。在这一环境下,典妻内心的煎熬就如同黑夜一样寒冷和漫长。

(297)妇人在灰暗的屋内坐了许久许久,她和她底丈夫都没有一句话。

(298)她眼睁睁地睡在一张龌龊的狭板床上,能陌生似地睡在她底身边。

(299)沉静而寒冷的死一般的长夜,似无限地拖延着,拖延着……

从上述反应性资源来看,最让人喜爱的是秋宝,他的评价资源都是积极的。最引人注目的是典妻回家时场景的评价资源,都是消极的。这些资源都可以揭示人们对于事物喜好的反应,也可以反映作者的态度倾向。从典妻回家时场景的消极评价来看,以及从她回家后居住环境的消极评价来看,可以看出作者对典妻命运的评价是悲惨的,其结局是凄凉的。

4.3.1.4 反面人物的背景作用

语篇《丈夫》的反应性资源共计173个,与老七丈夫相关的评价资源有14个,与老七相关的有16个,与水保相关的有49个,与掌班大娘相关的有2个,与五多相关的有2个,与嫖客或醉鬼相关的有28,与其他相关的有 51 个。从数量来看，水保、嫖客或醉鬼的反应性资源在人物形象塑造方面数量最多，具有前景化特征，是主要的评价资源。

在水保的评价资源中，最引人注目的便是他的衣着打扮、神情等，这些都来自老七丈夫对他的鉴赏。

（300）先是望到那一对峨然巍然似乎是用柿油涂过的猪皮靴子，上去一点是一个赭色柔软皮抱兜，再上去是一双回环抱着的毛手，满是青筋黄毛，手上有颗其大无比的黄金戒指，再上去才是一块正四方形像是无数桔子皮拼合而成的脸膛。

（301）一个用酒糟同红血所捏成的橘皮红色四方脸，也是极其讨厌的神气，保留在印象上。

在嫖客或醉鬼的评价资源中，最引人注目的也是他们的穿着打扮、言行举止等，这些都来自老七丈夫对他们的鉴赏。

（302）到了晚上，吃过晚饭，仍然在吸那有新鲜趣味的香烟。来了客，一个船主或一个商人，穿生牛皮长统靴子，抱兜一角露出粗而发亮的银链，喝过一肚子烧酒，摇摇荡荡的上了船。一上船就大声的嚷要亲嘴要睡觉。

（303）那洪大而含胡的声音，那势派，都使这做丈夫的想起了村长同乡绅那些大人物的威风。

语篇中人物形象的建构可以从其外貌衣着、行为举止等方面进行，也就是从物体特征进行评价。从数量来判断，水保和嫖客等人的特征评价是重要的判断依据。老七丈夫来自乡下，对于这些人物的评价恰恰反映了这些人物的特征对他自己的强烈冲击。在他的眼中，这样打扮的人具有身份地位，而具有身份地位的人却是常来嫖娼的船客。根据老七丈夫的鉴赏可知，这些所谓具有身份地位的人在船上的行为举止并不符合道德规范。

4.3.2 估价性与事物价值

4.3.2.1 包身工的价值评估

语篇《包身工》的估价性资源总计 79 个,其中与包身工相关的有 38 个,与包身工工作环境相关的有 6 个,与带工头相关的有 6 个,与其他相关的有 8 个。从评价资源的数量来判断,围绕包身工的数量占多数,具有前景化特征,他们是主要的被评价者。

语篇中把包身工比喻为廉价机器的例子有 8 个,说明包身工饮食条件的例子有 13 个,说明包身工工作环境的有 6 个,全部都是消极负面的估价性资源。从语篇描述的饮食条件和工作环境来看,包身工遭受了非人的待遇,被迫长时间在恶劣的环境里工作。

(304) 十一年前内外棉的顾正红事件之后,尤其是四年前的"一·二八"战争之后,日本厂家对于这种特殊的廉价"机器"的需要突然地增加起来。

(305) 所谓粥,是用乡下人用来喂猪的豆腐渣加上很少的碎米、锅巴等煮成的。

(306) 两粥一饭,十二小时噪音、尘埃和湿气中的工作,直到被榨完残留在皮骨里的最后的一滴血汗为止。

语篇的估价性资源集中围绕在包身工的称谓、饮食条件和工作环境等几个方面,全部都是消极负面的评价。在管理者眼中,包身工就是他们赚钱的机器,其价值在于帮他们获得利润,可以随意惩罚,直到榨完最后一滴血汗为止。这些评价资源可以带领读者了解在这种不合理制度下包身工的生存状态,并且可以突出作者对于这种包身工制度的抨击之情。

4.3.2.2 乡村光景的价值评估

语篇《春蚕》的估价性资源共有 214 个,其中与春蚕相关的评价资源有 55 个,数量最多。与运气相关有 25 个,与老通宝家的光景相关的有

10个,与天气相关的有10个,其余物体的估价性资源特别分散,不具有显著性特点。

在55个估价性资源中,围绕老通宝家春蚕的评价资源占多数,基本为积极的。老通宝家的蚕好,蚕花厚实,茧子是上好的货色。然而,这样的好茧子卖的价格不如洋种的,并且像老通宝家上好货色的蚕茧还被挑得剩下了很多,其他人家的可以想象被挑剩下的更多,还不算赔上的桑叶和一个月忍饥挨饿的光景。

(307) 老通宝家的蚕非常好!
(308) 老通宝心里也着慌了,但是回家去看见了那些雪白发光很厚实硬古古的茧子,他又忍不住嘻开了嘴。
(309) 老通宝他们的茧子虽然是上好的货色,却也被茧厂里挑剩了那么一筐,不肯收买。
(310) 然而更使老通宝去年几乎气成病的,是茧子也是洋种的卖得好价钱。

老通宝和村里的人都认为春蚕是否丰收全部取决于蚕花娘娘,春蚕光景的好坏可以占卜,所以他们每年都会举行隆重的祭拜仪式,拜神时特别虔诚。凡是有可能影响春蚕生长的不利因素都被视为坏运气,例如,荷花被视为白虎星会传染晦气。

(311) 去年他们"卜"的非常灵验。
(312) 这是一个隆重的仪式!
(313) 千百年相传的仪式!
(314) 但当老通宝悄悄地把那个"命运"的大蒜头拿起来看时,他的脸色立刻变了!
(315) 这些幸运的人儿惟恐看了荷花他们一眼或是交谈半句话就传染了晦气来!

全村人十分重视蚕花娘娘的参拜仪式,又特别敏感蚕花生长的影响因素，他们辛勤劳动了一个月，也取得了春蚕的丰收。但结局却是意料之外的，春蚕卖不出去。他们赶船去无锡卖蚕茧，上好的蚕茧也被挑剩下了很多，辛苦几个月不算反而还欠下了债。蚕农们希望春蚕丰收还债的想法最后也破灭了，充分说明半殖民地半封建社会经济体制对于农村经济的支配结果是毁灭性的。

4.3.2.3 人名的价值评估

语篇《为奴隶的母亲》的估价性资源共计70个，其中围绕典妻的估价性资源有10个，围绕秋宝姓名的有10个，围绕礼物的有10个，围绕秋宝的有5个，围绕玉戒指的有12个，其他的评价资源不具有显著特征。

典妻的估价性资源来自秀才大妻子以及沈家婆，她们评价典妻条件相当，符合她们的要求。她们认为典妻唯一的价值就是借腹生子，如同挑选商品一样评价一个女人。她们的做法本身就不合理，用金钱交换典妻的生育能力，也许只有在这种交易存在的时候才会产生。

(316) 又因他底大妻不允许，只准他典一个，典三年或五年，叫我物色相当的女人：年纪约三十岁左右，养过两三个儿子的，人要沉默老实，又肯做事，还要对他底大妻肯低眉下首。

(317) 这次是秀才娘子向我说的，假如条件合，肯出八十元或一百元的身价。

典妻在语篇中没有真实姓名出现，但是秋宝姓名的选取却被很多人提及，语篇中有10个评价资源与秋宝的名字相关，这显得典妻的存在更加低微。

(318) 关于孩子底名字，秀才是煞费苦心地想着，但总想不出一个相当的字来。

(319) "秋"是万物成熟的季节，秋宝，实在是一个很好的名字呀！而且《书经》里没有么？

秋宝的姓名有多个相关的评价资源，这些评价都是积极的。相比之下，典妻的姓名不曾被提及，没有价值。这种对比说明没人在乎典妻的姓名，只把她当作一件商品看待。这一点应该是语篇作者刻意为之，隐藏典妻姓名，旨在让读者体会典妻低微的存在感。

4.3.2.4 人物角色的价值评估

语篇《丈夫》的估价性资源数量共计 74 个，其中与老七相关的评价资源有 11 个，与水保相关的有 13 个，与小镰刀相关的有 8 个，其余的不具有显著性特点。

男子在家中务农，让妻子去河船上做生意，这样名分不失，也能得到些利益过上好日子。从这些评价资源可以看出，老七丈夫肯定老七的价值，认同老七对于自己和家庭的价值。

（320）事情非常简单，一个不亟亟于生养孩子的妇人，到了城市，能够每月把从城市里两做上所得的钱，送给那留在乡下诚实耐劳、种田为生的丈夫，在那方面就过了好日子，名分不失，利益存在。

（321）他懂事，女人名分仍然归他，养得儿子归他，有了钱，也总有一部分归他。

水保作为被评价者的估价性资源来自老七丈夫，主要集中体现了水保在他眼中的价值，涉及水保的地位、衣着装束等，例如这是老七的财神。

（322）他猜想这人一定是老七的熟客。

（323）他记起那伟人点头同发言，一个督抚的派头，一个省长的身份——这是老七的财神！

从老七丈夫对于妻子和水保的价值评估来看，这些评价资源都是积极的，他们的价值得到了肯定。但是，为什么老七丈夫不再得意炫耀妻子所从事的生意，像小孩子那样哭了起来？表面上这与他的心理变化密切相关，他的情感资源从积极的转变为消极的，他在船上看到妻子被人欺负而自己无力保护，没了先前的愉悦，也没了安全感。实际上，船妓生意的存在才是深层次的原因，正是这种生意的存在摧毁了很多人的道德观，诱导他们做出很多违反道德规范的行为。

4.3.3 小结

从反应性来看，半殖民地半封建社会时期中国文学创作存在一些共性。这些创作以劳苦大众为主人公，从他们的视角出发评价周围的事物是否引人注目，是否招人喜爱。这些创作对于多数事物的评价基本都是消极的，除了新生事物。例如包身工的居住环境、老通宝的脸、典妻回家时悲凉的氛围、船上闹事的醉鬼等，与之相关的评价资源都是消极的。相反，例如《春蚕》中出现的农村自然景色和《为奴隶的母亲》中出现的新生儿秋宝，与之相关的评价资源都是积极的。这些创作旨在烘托环境，利于人物形象塑造，紧扣语篇主题。例如《包身工》中恶劣的居住环境与包身工们的任劳任怨形成了鲜明对比，突出了作者斥责这种不合理包身工制度的主题。

从估价性来看，事物价值的评估取决于它服务于社会团体的哪些方面。如果它服务于底层民众的基本生活情况，那么可以发现，语料中事物价值的评估经常是消极的，如《包身工》中包身工居住的恶劣环境、《为奴隶的母亲》中典妻居住的贫穷环境。如果它服务于底层民众的形象建构，语料中事物价值的评估很可能是积极的，如《春蚕》中村民们祭拜蚕花娘娘的虔诚、《丈夫》中老七和水保的价值。因此，我们可以认为，估价性资源的作用在于为人物形象建构或语篇主题阐释服务，既可以正面塑造人物的形象，也可以侧面通过环境烘托人物形象或突出语篇主题。

第5章

介入意义与评价主旨

本书的语料《包身工》《春蚕》《为奴隶的母亲》《丈夫》包含一定数量的表达介入意义的评价资源，对应的资源数量如表5.1所示。

表5.1　介入资源的数量

类别	《包身工》	《春蚕》	《为奴隶的母亲》	《丈夫》
收缩	214	721	669	490
扩展	152	353	434	369
总计	366	1074	1103	859

5.1　话语收缩及其评价动机

在本书的语料中，一些评价资源关闭了容纳其他立场的大门，具体表现在"否定、对立，认同、断言和引证"几类评价范畴之中，其对应的数量如表5.2所示。

表5.2　收缩资源的数量

类别		《包身工》	《春蚕》	《为奴隶的母亲》	《丈夫》
否认	否定	92	276	228	247
	对立	84	285	281	144
公告	认同	25	144	125	85
	断言	11	14	34	14
	引证	2	2	1	0
总计		214	721	669	490

5.1.1 环境及事件的否认

5.1.1.1 工作环境的否认

语篇《包身工》表达否认意义的评价资源共计 176 个,其中否定资源 92 个,对立资源 84 个。表达否认意义的评价资源大多数来自语篇作者,来自其他声音的只有 24 个。否定和对立资源按照一定的命题围绕语篇主题展开,这里的命题涉及包身工的生活、居住、工作环境,以及包身工所遭受的毒打待遇,数量多达 142 个。

包身工每天起床的时候天还没亮,起身后胡乱踩踏、小便,吃的粥也是喂猪的杂食搅拌煮成的,轮到值日的包身工连一碗也盛不到。这些包身工的居住、生活条件特别差,三十个人挤居在狭窄的空间里,如同鸡鸭一样从笼子里被赶出来。

(324) 旧历四月中旬,清晨四点一刻,天还没亮,睡在拥挤的工房里的人们已经被人吆喝着起身了。

(325) 轮着擦地板或倒马桶的,常常连一碗也盛不到。

(326) 只有两条板凳,——其实,即使有更多的板凳,这屋子也不能同时容纳三十个人吃粥。

与包身工的工作和待遇相关的否定资源基本上与态度资源具有相同的评价倾向,即评价她们遭受的非人待遇,评价管理者以及包身工制度违反道德规范。例如,包身工没有工作与不工作的自由,生病时还得继续为老板卖命工作。即便她们身体状态很差、没有力气,打杂的依然对她们拳打脚踢。

(327) 第一,包身工的身体是属于带工老板的,所以她们根本就没有"做"或者"不做"的自由。

(328) "芦柴棒"的喉咙早已哑了,用手做着手势,表示没有力气,请求他的怜悯。

(329) 只要断了线不接，锭壳轧坏，皮辊摆错方向，乃至车板上有什么堆积，就会遭到毒骂和毒打。

没有人关心他们，她们遭受非人对待，忍受极大的身体痛苦，渐渐地没有了温情、希望、人道等。这不是这群童工们应有的生活状态，而正是由包身工制度和残忍的管理者造成的。

(330) 没有人关心她们的劳动条件！
(331) 在这千万被压榨的包身工中间，没有光，没有热，没有温情，没有希望……
(332) 没有人道。

此外，作者还通过对立资源呈现那些与读者意料相反的命题。对立资源下的命题说明与读者期望相反的内容，说明包身工所遭受的非人待遇，引导读者与作者具有相同的评价倾向，即评价这种包身工制度和管理者的不恰当。例如，拿摩温和荡管监视包身工工作，一旦她们工作有所不对，就用毒骂和毒打来解决。

(333) 可是在这种工房里面，生病躺着休息的例子是不能开的。
(334) 但是野兽一般的"拿摩温"（工头）和"荡管"（巡回管理的上级女工）监视着你。
(335) 工作，工作，衰弱到不能走路还是工作，手脚像芦柴棒一般的瘦，身体像弓一般的弯，面色像死人一般的惨，咳着，喘着，淌着冷汗，还是被压迫着做工。
(336) 长得结实的往往会像折断一根麻梗一样很快的死亡，而像"芦柴棒"一般的包身工，每一分钟都有死的可能，可是她们还在那儿支撑。

来自作者的否认资源与鞭挞包身工制度的语篇主题相关，主要集中表现为否定包身工的生活、居住和工作环境，以及否定她们所遭受的非人待

105

遇，还集中表现为与读者预期相反的对立命题，即管理者的道德缺失。

5.1.1.2 经济体制的否认

语篇《春蚕》中否认资源共有 561 个，其中否定有 276 个，对立有 285 个。来自作者叙述的否定资源有 43 个，对立资源有 30 个。来自老通宝的否定有 111 个，对立有 124 个。来自四大娘的否定有 32 个，对立有 14 个。来自多多头的否定有 39 个，对立有 31 个。来自荷花的否定有 10 个，对立有 12 个。来自六宝的否定有 11 个，对立有 6 个。来自阿四的否定有 2 个，对立有 3 个。来自老通宝全家的否定有 17 个，对立有 28 个。来自张财发的否定有 6 个，对立有 6 个。来自其他的否定有 9 个，对立有 14 个。从数量来判断，老通宝的评价资源是主要的来源，分别占到了约 40.22% 的否定，约 43.51% 的对立。

语篇开始的描述似乎为语篇主题奠定了基调，他们附近的茧厂不开门，那么蚕农丰收后，蚕茧出售就成了问题。

(337) 老通宝也听得镇上小陈老爷的儿子——陈大少爷说过，今年上海不太平，丝厂都关门，恐怕这里的茧厂也不能开。

在这次春蚕丰收前，老通宝一家本就家境贫寒，没了房子不说，反而还欠了三百多元的债。

(338) 老通宝现在已经没有自己的田地，反欠出三百多块钱的债，"陈老爷家"也早已完结。

从老通宝的评价来看，农村的生活越来越艰难，村里的东西一天一天不值钱，而对比之下，镇上的东西越来越贵。他唯一想的就是可以靠春蚕的丰收偿还一些自家的债，但是他也要出大力气养蚕。

(339) 并且他自己也明明看到自从镇上有了洋纱，洋布，洋油，——这一类洋货，而且河里更有了小火轮船以后，他自己田里生

第 5 章 介入意义与评价主旨

出来的东西就一天一天不值钱,而镇上的东西却一天一天贵起来。

(340) 只要不像去年,他家的债也许可以拔还一些罢。

(341) 但近来他老了,手指头没有劲,他修了一会儿,抬起头来喘气,又望望屋里挂在竹竿上的三张蚕种。

和老通宝一样,全村人也都卖力养蚕,付出了艰辛的劳动。他们所获得的结果是可喜的,大家的春蚕都养得好,命里不曾有的好。对于他们来说春蚕是丰收的,就连老通宝也偷偷乐起来,高兴自家的春蚕养得好,意味着他可以还一些自家的债。

(342) 他说:今年蚕花一定好,可是想发财却是命里不曾来。

(343) 那好比是誓师典礼,以后就要开始了一个月光景的和恶劣的天气和恶运以及和不知什么的连日连夜无休息的大决战!

(344) 村里别人家的"宝宝"也都不差。

(345) 老通宝忍不住笑了,他不肯相信。

然而,作者用一个极大的转折回到了语篇开头所暗示的悲惨结局,即所有的蚕茧厂都关闭着,没有一个人收购蚕茧。

(346) 他赶快跑出村去,看看"塘路"上最近的两个茧厂,果然大门紧闭,不见半个人。

(347) 老通宝捶胸跺脚地没有办法。

(348) 老通宝气得说不出话来。

春蚕丰收后没人收茧这个悲剧没人预料到,老通宝潜意识里认为这是洋鬼子干的勾当,使得自己卖不出蚕茧。然而,春蚕丰收反而卖不出去的悲剧实际上是半殖民地半封建社会经济体制重创农村经济活动导致的。

此外,语篇中还存在很多对立资源表达语料之外的命题。天气的变化超出了老通宝的预料,他也意识到了世界变得和自己二十多岁时的样子不一样了,譬如自己家变得不如以前好,现在衰败了。这样的对立资源奠定

107

语言评价 与 文学主题

了语篇的基调。

（349）他还穿着那件过冬的破棉袄，他的夹袄还在当铺里，却不防才得"清明"边，天就那么热。

（350）"真是天也变了！"老通宝心里说，就吐一口浓厚的唾沫。

（351）一切都和他二十多岁时差不了多少，然而"世界"到底变了。

另一处对立资源与蚕茧的品种相关，老通宝气不过的事情是洋种的蚕茧竟然比土种的蚕茧价格高，所以为了买不买洋种的事和四大娘吵了起来。

（352）然而更使老通宝去年几乎气成病的，是茧子也是洋种的卖得好价钱。

（353）素来和儿媳总还和睦的老通宝，在这件事上可就吵了架。

还有一处与所谓的运气相关，老通宝预料今年的春蚕格外好，命里不曾有的好。然而他又迷信荷花是白虎星，会给自己的蚕宝宝带来坏运气。

（354）他说：今年蚕花一定好，可是想发财却是命里不曾来。

（355）但当老通宝悄悄地把那个"命运"的大蒜头拿起来看时，他的脸色立刻变了！

（356）他们唯一的希望是那骚货或者只在廊檐口和阿多鬼混了一阵。

最后一处对立与春蚕丰收贱卖的事情相关，春蚕丰收本应该为老通宝和全村人带来希望，然而期望的收获并没有实现，蚕茧卖不出去，他们赶船去无锡脚下的镇上售卖也没有人要。

（357）上当铺当铺也不收。

从老通宝眼中世界的对立开始,到全村人努力养蚕却丰收贱卖的对立,语篇的对立资源始终围绕着"春蚕丰收反而欠债"的主线展开评价。评价的出发点在于以老通宝为代表的蚕农为了养蚕所付出的艰辛努力,以及他们希望通过辛勤劳动获得丰收的愿望。评价的落脚点在于蚕农辛苦付出却没有得到回报的结果。这种对立揭示了隐藏在故事背后的经济体制问题。

5.1.1.3 人物情感的否认

语篇《为奴隶的母亲》的否认资源有 509 个,占收缩资源的 75.97%。其中否定资源有 228 个,对立资源有 281 个。与典妻相关的否定资源有 85 个,约占 37.28%。典妻丈夫的有 44 个,秀才的有 25 个,秀才大妻子的有 35 个。从比例来看,与典妻相关的否定资源数量最多,具有前景化特征。

典妻被当作一件商品出租后,她的情感体现在否定资源上,这时消极的意愿性资源占主导地位,如例句(358—362)。

(358) 他底妻简直痴似的,话一句没有。
(359) 倒霉的事情呀,我!——一点也没有别的方法了么?
(360) 她底思想似乎浮漂在极远,可是她自己捉摸不定远在那里。
(361) 可是这妇人,她却一夜不曾睡。
(362) 我实在不愿离开呢!

典妻来到秀才家后,作为母亲谁又能丢下自己的孩子呢?她生下秋宝后又要被迫离开,作为母亲又怎能丢下秋宝呢?此处也体现了典妻消极的意愿性。典妻在秀才家中寄人篱下的情感不只是通过消极安全性资源来体现的,否定资源在一定程度上起到了辅助的作用。

(363) 她自己也不知道这究竟为什么,她底心老是挂念着她底旧的家,掉不下她的春宝……

(364) 而且想象中的春宝，也同眼前的秋宝一样活泼可爱，她既舍不得秋宝，怎么就能舍得掉春宝呢？

(365) 她没有答，也并不笑，站起来，走到床底前面，秀才也跟到床底旁边，更笑地问她……

从秀才大妻子评价典妻的否定资源中可以看出，她对待典妻的言行举止并不符合道德规范。否定不是简单逻辑意义上的否定，而是将可替换的肯定立场带到对话当中，这里的肯定立场是典妻面对秀才大妻子的辱骂做出的谦让举动。

(366) 她可以听见房外的大娘底声音在高声地骂着什么人，她一时听不出在骂谁，骂烧饭的女仆，又好像骂她自己，可是因为她底怨恨，仿佛又是为她而发的。

(367) 这样以后，她望见秀才从外面回来而旁边没有她坐着的时候，就非得急忙避开不可。

(368) 即使她在旁边，有时也该让开一些，但这种动作，她要做的非常自然，而且不能让旁人看出，否则，她又要向她发怒，说是她有意要在旁人的前面暴露她大娘底丑恶。

秀才大妻子评价快要临产的典妻的否定资源也体现了这位老妇人处事不恰当，她将典妻比喻为街上临产前觅食的母狗，这种比喻显然是这位老妇人对典妻的负面评价。

(369) 以前在她自己底家里，她不相信她有这样的娇养，恐怕竟和街头的母狗一样，肚子里有着一肚皮的小狗，临产了，还要到处地奔求着食物。

秀才决定送典妻回去的时候，她痴呆着不说话，眼神里没有了光彩。典妻生活在思想煎熬之中，身体虚弱，被人讥笑，被大妻子冷骂，走的时候甚至无力步行。

(370) 女人简直连泪也没有地呆着了。

(371) 没有精采的光芒在她底眼睛里起来，而讥笑与冷骂的声音又充塞在她底耳内了。

(372) 伯伯，请你代我就近叫一顶轿子罢，我是走不回去了！

典妻回到家后，和自己的丈夫也没有话说。此处以消极的意愿性资源结尾，将典妻的前后意愿性资源连成一线，凸显了在典妻被出租给秀才生孩子的过程中，她的意愿是负面的、消极的。

(373) 妇人在灰暗的屋内坐了许久许久，她和她底丈夫都没有一句话。

此外，在对立资源中，与典妻相关的对立资源有82个，占29.18%。典妻丈夫的有38个，秀才的有48个，秀才大妻子的有36个。

对立资源涉及两个前后相关的命题，或出人意料或可将其替换。典妻虽然无奈被迫成了秀才租来的妻子，然而她对于春宝的关心从都字可以看出，这充分说明，她作为母亲对孩子的关心是恰当的，这也是读者意料之内的事。

(374) 她先将春宝底几件破衣服都修补好，春将完了，夏将到了，可是她，连孩子冬天用的破烂棉袄都拿出来，移交给他底父亲——实在，他已经在床上睡去了。

读者意料之外的事应该是秀才大妻子的为人，从秀才和典妻的评价中可以看出来。秀才大妻子表面和善，然而内心却非常仇恨典妻，经常辱骂她。对立资源在一定程度上联结着秀才大妻子消极的恰当性资源，说明她违反道德规范的行为出人意料。

(375) 她以前很爱那个长工，因为长工要和烧饭的黄妈多说话，她却常要骂黄妈的。

语言评价与文学主题

（376）她知道这个老妇人是猜忌多心的，外表虽则对她还算大方，可是她底嫉妒的心是和侦探一样，监视着秀才对她的一举一动。

（377）在身边的较远的门口，却站着这位脸孔慈善而眼睛凶毒的老妇人，目光注视着她。

时间渐渐让典妻忘记了自己的旧家，但无法让她忘掉自己的春宝，就连给秋宝取名字的时候也想到了春宝。

（378）旧的家，渐渐地在她底脑子里疏远了，而眼前，却一步步地亲近她使她熟悉。

（379）虽则，春宝底哭声有时竟在她底耳朵边响，梦中，她也几次地遇到过他了。

（380）我不过因春宝想到罢了。

典妻想念春宝时身边是空空的，想念秋宝时身边没有秋宝。这种不合理的租妻交易让她始终无法同时和两个孩子亲近。

（381）有时，她倦坐在房外的沿廊下，初夏的阳光，异常地能令人昏朦地起幻想，秋宝睡在她底怀里，含着她底乳，可是她觉得仿佛春宝同时也站在她底旁边，她伸出手去也想将春宝抱近来，她还要对他们兄弟两个说几句话，可是身边是空空的。

（382）在她底已经麻木的脑内，仿佛秋宝肥白可爱地在她身边挣动着，她伸出两手想去抱，可是身边是春宝。

典妻在秀才家像佣人一样被使唤，她的地位不如妾，甚至被看作租来生孩子的商品，连姓名也未曾出现。作者否认这种租妻交易，通过对立资源引出令读者感到意外的描述，既有秀才大妻子的刻薄行为，也有典妻无法同时照顾两个孩子的无奈。

5.1.1.4　人物心境变化的否认

语篇《丈夫》的否认资源共有 391 个，其中否定资源有 247 个，对立资源有 144 个。来自作者叙述的否定资源有 21 个，来自老七的有 16 个，来自老七丈夫的有 109 个（约占 44.13%），水保的有 38 个，掌班大娘的有 31 个，五多的有 10 个，醉鬼的有 23 个，巡官的有 4 个。

来自老七丈夫的否定资源在语篇中最多，他的否定评价是主要的，具有前景化特征。老七丈夫的否定资源基本围绕他心理变化的轨迹展开。

老七丈夫最初不需要他人指点就会到后舱休息，表现得非常平和，说明他支持妻子在前舱做生意。遇见水保后，太需要聊天的他和水保聊起了家乡的事情。他谈话非常胆怯，不敢随便乱说话，说明他的安全感较低。

(383) 于是这丈夫不必指点，也就知道往后舱钻去，躲到那后梢舱上去低低的喘气，一面把含在口上那支烟卷摘下来，毫无目的的眺望河中暮景。

(384) 因为不说话，他就怯怯的望到水保微笑，他要人了解他，原谅他——他是一个正派人，并不敢有意张三拿四。

老七她们去七里桥烧香，老七丈夫（男子）留下来看船，这时他的否定资源依然体现出他内心的平静。男子和水保甚至聊到了和老七在枕边谈到的话题，以及家里所发生的一些琐碎事情。男子渐渐地和水保的聊天也显得毫无拘束，体现了他同水保聊天时心情愉悦。

(385) 坐船上等了半天，还不见人回，到后梢去看河上景致，一切新奇不同，只给自己发闷，先一时，正睡在舱里，就想这满江大水若到乡下去涨，鱼梁上不知道应当有多少鲤鱼上梁！

(386) 来了客人，且在神气上看出来人是并不拒绝这些谈话的，所以这年青人，凡是预备到同自己媳妇在枕边诉说的各样事情，这时得到了一个好机会，都拿来同水保谈着。

(387) 年青人毫无拘束的还加上许多粗话蠢话。

语言评价 与 文学主题

水保走后，女人们都没有回来，饥饿的男子便试着自己做饭，可是点不燃湿柴。生气之下，他将柴扔到河里，却被人捞起。这一事件迫使男子的心态发生了一些变化，他独自一人坐在船上发闷。

(388) 但是等了一会，还不见老七回来，一个鬼也不回来，他又想起那大汉子的丰采言谈了。

(389) 可是船上烧湿柴的本领年青人还没有学会，小钢灶总是冷冷的不发吼。

对于水保让老七陪夜的事，男子感到羞辱，尤其还是当着他的面被要求这样做。男子的否定资源从这里开始表达了他消极的情感，他的愤怒情绪开始滋生。

(390) 一个不安分的估计在心上滋长了。

(391) 胡想使他心上增加了愤怒，饥饿重复揪着了这愤怒的心，便有一些原始人不缺少的情绪，在这个年青简单的人情绪中滋长不已。

(392) 男子觑着不说话。有说不出的什么东西，在血里窜着涌着。

不安的情绪滋生之后，男子便不能唱歌，没有了唱歌的快乐。此处的否定资源依然说明男子满意度较低，所以他有了离开的想法，不等老七她们回来就离开了。

(393) 他不能再唱一首歌了。
(394) 喉咙为妒嫉所扼，唱不出什么歌。
(395) 他不能再有什么快乐。
(396) 眼看这一切，新的愤怒使年青人感到羞辱，他想不必等待人回船就走路。

第 5 章 介入意义与评价主旨

半夜时分，巡官的夜间巡查惊吓了男子，特别是对于醉鬼和嫖客等人欺负老七的事情，让他的满意度降到了最低点。最后，他决定带着老七离开河船。

(397) 男子被大娘摇醒揪出来，看到水保，看到一个穿黑制服的大人物，吓得不能说话，不晓得有什么严重事情发生。

(398) 男子一早起身就要走路，沉沉默默的一句话不说，端整了自己的草鞋，找到了自己的烟袋。

无论男子是心情愉悦，还是安全感低、满意度低，从男子心理变化的轨迹来看，并非来自乡下的事物或河船上的事物促使男子心理发生变化，而是河船上的船妓生意导致男子心理发生重大改变。男子在船上经历的一系列事情迫使他带着老七回家，例如水保要求老七陪夜，醉鬼在船上闹事欺负老七，巡官巡查还要求老七陪夜等。男子对自己老婆的怜惜以及对这种不道德的船妓生意的痛恨促使他做出了决定，坚决地带着老七离开了河船。

再者，在语篇的对立资源中，来自作者的对立资源有 17 个，来自老七丈夫的有 62 个（约占 43.06%），老七的有 6 个，水保的有 19 个，其他的弱相关。

来自老七丈夫的对立资源具有显著特征，体现了前后对立的命题。具体而言，后面的命题超出了读者的预期，老七丈夫接近老七后愉悦感和满意度反而降低。

老七丈夫惊讶于老七的变化，他觉得她变得和以前不一样了。虽然他来到船上与妻子接近了，但是淡淡的寂寞感却袭上了身。这里的对立资源呼应了语篇结尾丈夫动身回家的决定。

(399) 第二次惊讶，是烟管忽然被女人夺去，即刻在那粗而厚的手掌里，塞了一枝"哈德门"香烟的缘故。

(400) 本来非常欢喜口含片糖的脾气，做媳妇的记得清楚明白，所以即或说已经睡觉，已经吃过，也仍然还是塞了一小片糖在口里，媳妇用着略略抱怨自己的那种气走去了。

(401) 如今和妻接近,与家庭却离得很远,淡淡的寂寞袭上了身,他愿意转去了。

老七丈夫见到水保愿意和他交谈,甚至把自己和老七的枕边话也告诉了水保。在男子看来,他还是第一次和这样尊贵的人谈话,因而忽然觉得高兴想唱歌。这表明此刻男子的愉悦程度较高。

(402) 甚至于希望明年来一个小宝宝,这样只合宜于同自己的媳妇睡到一个枕头上商量的话也说到了。

(403) 他还是第一次和这样尊贵的人物谈话,他不会忘记这很好的印象的。

(404) 他忽然觉得愉快,感到要唱一个歌了,就轻轻的唱了一首山歌,用四溪人体裁。

然而,经历了一些船上的事件后,男子的愉悦性资源已经转变为消极的情感。他不再有想法歌唱,不再开口说话,而是决定回家。

(405) 一切归一了,就坐到那矮床边沿像是有话说又说不出口。

这些评价资源形成对比,辅助说明男子的心理变化,由积极的情感转变为消极的情感。在接近妻子时,在与水保初次交谈时,男子的情感是积极的,而在经历了一系列事件之后,男子的情感是消极的。从上述对立资源也可以看出这种转变,说明男子情感的转变超出了读者的预期。

5.1.2 环境及事件的公告

5.1.2.1 悲惨境遇的公告

语篇《包身工》中公告资源共有 38 个,其中认同资源有 25 个,断言资源有 11 个,引证资源有 2 个。三者所占的比例分别为 65.79%、

28.95%、5.26%。认同资源的比例最高,在公告资源的分析中占重要地位。其中与包身工相关的有 20 个,这些认同资源以包身工遭受的待遇为着眼点,说明语篇前后涉及的命题范围是相同的,即遭受非人的待遇,从而突出评价主旨,鞭挞这种不合理的包身工制度。

认同指讲话者公开表明与对话者有同样的知识,持有相同的意见。这种态度通常是由惯用语来体现,例如使用 of course、naturally、not surprisingly、admittedly 和 certainly 等词汇或短语(Martin & White 2005:122)。

包身工的父母希望自己的孩子过上好日子,不要和自己一样吃草根树皮,可不必说反映了他们的饮食条件差。但实际上包身工的生活不是带工老板所宣传的那样,饮食条件依然没有改善。

(406)这样说着,咬着草根树皮的女孩子可不必说,就是她们的父母,也会怨恨自己没有跟去享福的福分了。

包身工在生病的情况下还得继续干活,即便累得手脚着地爬下,还是被打杂的照例又踢上几脚。打杂的认为这些包身工当然是人人可以欺负,打死不要紧。

(407)"芦柴棒"手脚着地,打杂的跟上去就是一脚,踢在她的腿上,照例又是第二、第三脚。

(408)打死不要紧,在这种情形之下,包身工当然是"人人得而欺之"了。

作者将血肉造成的机器和钢铁做比较,终究体现了包身工们无法承受超强劳动负荷。作者也惊叹包身工的身体确实有一点神奇,这样瘦弱的身体却坚持承担了如此强度的劳动,侧面说明她们被强迫劳作不得已而工作。

(409)两粥一饭,十二小时工作,劳动强化,工房和老板家庭的义务服役，猪一般的生活，泥土一般地被践踏，——血肉造成的"机器"，终究和钢铁造成的不同。

（410）人类的身体构造，确实有一点神奇。

此外，断言是相关角色直接出面陈述己见的介入方式，语篇中作者直接介入陈述包身工的境遇。这与游说的带工所宣传的形成对比，根本与出现三次的其实共同体现了所有包身工的悲惨境遇，凸显了作者直接陈述的观点。

（411）只有两条板凳，——其实，即使有更多的板凳，这屋子也不能同时容纳三十个人吃粥。

（412）第一，包身工的身体是属于带工老板的，所以她们根本就没有"做"或者"不做"的自由。

（413）就拿上面讲到过的"芦柴棒"来做个例吧（其实，这样的事倒是每个包身工都会遇到的），有一次，在一个很冷的清晨，"芦柴棒"害了急性的重伤风而躺在床（其实这是不能叫作床的）上了。

作者以第一人称陈述了自己对这种包身工制度的态度，断言冤魂是会回来报仇的，警告那些管理者。

（414）那么，我也这样联想，日本纱厂的每一个锭子上面都附托着一个中国奴隶的冤魂！

（415）索洛警告美国人当心枕木下的尸首，我也想警告某一些人，当心呻吟着的那些锭子上的冤魂！

就包身工的境遇而言，认同资源肯定了命题的存在，即认同她们所遭受的非人待遇。断言资源则是作者直接介入陈述自己的态度，作者认为她们所遭受到的待遇极差，也表明了自己的观点，痛恨管理者，借冤魂索命来警告那些人。认同和断言资源所陈述的态度都联系着评价主旨，即抨击这种不合理的包身工制度。

5.1.2.2 丰收欠债的公告

语篇《春蚕》的公告资源共计 160 个，其中认同资源有 144 个，断言资源有 14 个，引证资源有 2 个。从比例来看，公告资源的重点是认同资源，占比 90%，具有显著特征。

认同资源中与老通宝相关的 70 个，占比约 48.61%。多次出现的也字体现了老通宝认同的命题，即他家的境况早年是好的，如同被别人羡慕的陈老爷家一样。

(416) 并且老陈老爷做丝生意"发"起来的时候，老通宝家养蚕也是年年都好，十年中间挣得了二十亩的稻田和十多亩的桑地，还有三开间两进的一座平屋。

(417) 这时候，老通宝家在东村庄上被人人所妒羡，也正像"陈老爷家"在镇上是数一数二的大户人家。

也字还体现了老通宝家之前的财富并非来自长毛鬼，他的家人都是规矩人，确实一词也是对这个命题做出了肯定。

(418) 他自己也是规矩人，他的儿子阿四，儿媳四大娘，都是勤俭的。

(419) 他确实知道自己家并没得过长毛的横财。

但是老通宝评价世界变了，自己家人勤劳反而也欠下了债，还忍饥挨饿。老陈老爷家也发生了同样的情况。

(420) 一切都和他二十多岁时差不了多少，然而"世界"到底变了。

(421) 他自己家也要常常把杂粮当饭吃一天，而且又欠出了三百多块钱的债。

(422) 并且老陈老爷也是很恨洋鬼子，常常说"铜钿都被洋鬼子

语言评价与文学主题

骗去了"。

正是因为家境衰败欠下外债,所以老通宝一家人对春蚕寄予了很高的希望。对四大娘和多多头来说,也字体现了他们意见统一。

(423) 儿媳四大娘去年就要养洋种的蚕。小儿子跟他嫂嫂是一路,那阿四虽然嘴里不多说,心里也是要洋种的。

老通宝多少有点迷信,怕什么影响了春蚕生长,于是告知多多头和小小宝远离荷花,他认定荷花是白虎星。

(424) 你再跟那东西多嘴,我就告你忤逆!
(425) 小小宝也受到严厉的嘱咐,不许跑到荷花家的门前,不许和他们说话。

作者在语篇开头说明丝厂都关门,茧厂怕也不会开,很早为语篇奠定了悲凉的基调。作者在语篇结尾又再次验证这个结局,所有茧厂都紧闭大门,将蚕农拒之门外。

(426) 老通宝也听得镇上小陈老爷的儿子——陈大少爷说过,今年上海不太平,丝厂都关门,恐怕这里的茧厂也不能开。
(427) 他怎么能够相信呢?
(428) 难道那"五步一岗"似的比露天毛坑还要多的茧厂会一齐都关了门不做生意?
(429) 他赶快跑出村去,看看"塘路"上最近的两个茧厂,果然大门紧闭,不见半个人。

像老通宝一样勤劳的人,哪怕迷信点也是为了春蚕丰收,他们意愿单一即希望春蚕丰收,然而茧厂大门关闭不收蚕茧,这便导致春蚕丰收蚕茧却卖不出去。作者利用认同资源揭示语篇主题所反映的现象,声明自己的观点，说明他同老通宝他们一样对于这个结局无能为力。

断言资源旨在说明天变了、世界变了，为蚕农丰收是否能够获利的事情添上了一层变化莫测的色彩。

(430)"真是天也变了!"老通宝心里说，就吐一口浓厚的唾沫。

(431) 世界真是越变越坏!

(432) 简直是充军!

老通宝断言自家欠债了，辛苦养蚕一月简直是白出力，体现了半殖民地半封建社会经济体制带给人们的苦难和艰辛。

5.1.2.3 非人遭遇与舐犊之情的公告

语篇《为奴隶的母亲》的公告资源有 160 个，其中认同资源有 125 个，断言资源有 34 个，引证资源有 1 个。认同资源占比 78.13%，断言资源占比 21.25%，引证资源占比 0.01%。

语篇中来自典妻的认同资源有 36 个（占 28.8%），来自典妻丈夫的有 20 个，秀才的有 24 个，秀才大妻子的有 34 个（占 27.2%），其他人的不相关。

典妻认同了自己丈夫的残暴行为，以及他作为父亲的不恰当行为举止。此外，典妻也认同了和孩子相关的几个命题，无论是秋宝还是春宝，她都舍不得。

(433)"爸爸不再打你了，"同时用她底左手抚摸着孩子底右额，在这上，有他父亲在杀死他刚生下的妹妹后第三天，用锄柄敲他，肿起而又平复了的伤痕。

(434) 我怎么能抛开他呢!……

(435) 而且想象中的春宝，也同眼前的秋宝一样活泼可爱，她既舍不得秋宝，怎么就能舍得掉春宝呢?

语篇中也有来自典妻对秀才大妻子的评价，典妻认同她的是外表还算大方，但时而又向自己发怒，经常监视自己。

(436) 她知道这个老妇人是猜忌多心的，外表虽则对她还算大方，可是她底嫉妒的心是和侦探一样，监视着秀才对她的一举一动。

(437) 即使她在旁边，有时也该让开一些，但这种动作，她要做的非常自然，而且不能让旁人看出，否则，她又要向她发怒，说是她有意要在旁人的前面暴露她大娘底丑恶。

也有典妻对于周围人如何看待自己的评价，拌杂着讥笑与冷骂的声音，对于这位典妻而言是不恰当的。无论怎样，作为受害者，她理应得到同情。

(438) 没有精采的光芒在她底眼睛里起来，而讥笑与冷骂的声音又充塞在她底耳内了。

秀才大妻子（老妇人）认同典妻是养过三四个孩子的女人，也称自己养过孩子，然而她却评价典妻肚子里的孩子可能是一只癞蛤蟆。老妇人的认同资源依然体现了她不恰当的言行举止，她嫉妒典妻受到秀才的照顾，嫉妒她生了秋宝。

(439) 你是养过三四个孩子的女人了，当然，你是知道什么的，你一定知道的还比我多。

(440) "儿子，"她有一次在厨房里对黄妈说，"谁没有养过呀？"

(441) 而且，此刻的儿子，还在'阎罗王的簿里'，谁保的定生出来不是一只癞蛤蟆呢？

对于秀才，老妇人说话时不会顾及他的感受。也字说明老妇人忽视了秀才的谈话还在进行，直接打断了他的谈话。

(442) 而那位老妇人，却简直没有顾到他底说话，也向她问……

老妇人也曾警告秀才不要将典妻留下来,表示自己不同意,说明她无法接纳典妻继续留在这个家庭。在典妻离开时,她告诉其他人,她认为三四十里路不算远,自己也曾走过,而典妻自己又没有钱就不要摆阔。即使典妻要走了,她也忘不了挖苦一番。

(443) 走走好罢,到那边轿钱是那边付的,她又那里有钱呢,听说她底亲夫连饭也没得吃,她不必摆阔了。

(444) 路也不算远,我也是曾经走过三四十里路的人,她底脚比我大,半天可以到了。

此外,在语篇的断言资源中,与典妻相关的有 12 个,典妻丈夫有 2 个,秀才有 8 个,秀才大妻子有 6 个。断言是相关角色直接出面陈述己见的介入方式,简直一词在语篇中多次出现,它说明典妻的安全感低,体现了典妻在先后发生的一系列事情上所遭受的非人待遇。正是由于非人待遇所引起的消极安全感,典妻的断言资源可以与其安全性资源联结在一起,体现潜在的评价动机。

(445) 他底妻简直痴似的,话一句没有。
(446) 这时,他底妻简直连腑脏都颤抖,吞吐着问……
(447) 这时妇人底胸膛内,简直似有四五只猫在抓她,咬她,咀嚼着她底心脏一样。
(448) 女人简直连泪也没有地呆着了。

相比之下,对于秀才大妻子,来自典妻的断言资源说明她断言这位老妇人监视她自己,还不顾及秀才的感受。由此可以得知,老妇人为人处事有失得体,导致典妻缺乏安全感。

(449) 而那位老妇人,却简直没有顾到他底说话,也向她问……
(450) 还是早些脱离罢,她简直探子一样地监视着我了。

5.1.2.4 人物心境变化的公告

语篇《丈夫》的公告资源有 99 个，其中认同资源有 85 个，断言资源有 14 个，引证资源有 0 个。在认同资源中，来自作者的评价有 6 个，老七的有 6 个，老七丈夫的有 53 个（约占 62.35%，具有前景化特征），水保的有 8 个，其他的无关。

老七丈夫认同了妻子的变化，自然一词体现了老七的明显对比，她现在的打扮已经俨然像城里的太太。

(451) 这时节，女人在丈夫眼下自然已完全不同了。

(452) 女人说话时口音自然也完全不同了，变成像城市里做太太的大方自由，完全不是在乡下做媳妇的羞涩畏缩神气了。

老七丈夫并未认同自己的改变，仍然一词多次出现，体现了男子的行为喜好、处事风格前后相同。他还保留着在家乡的习惯，吃过饭后仍然喜欢吸烟。他为了顾及妻子在前舱做生意仍然躲在后舱默不作声，仍然很和平地入睡，仍然可以得到名分上的妻子。

(453) 到了晚上，吃过晚饭，仍然在吸那有新鲜趣味的香烟。

(454) 玩过后，仍然由那旧地方转到船上，小心小心已使声音放轻，省得留在舱里躺到床上烧烟的客人发怒。

(455) 丈夫把糖含在口里，正像仅仅为了这一点理由，就得原谅媳妇的行为，尽她在前舱陪客，自己仍然很和平的睡觉了。

(456) 他懂事，女人名分仍然归他，养得儿子归他，有了钱，也总有一部分归他。

老七丈夫本来想找机会和老七谈谈乡下的事，然而她们去烧香自己一人留下来守船。这时他回想起水保令人讨厌的神气，怒气涌上了心头，也字说明他认同水保的神气与之前见到的一样让他厌恶。

(457) 今天一早上，本来应当有机会同媳妇谈到乡下事情了，女人又说要上岸过七里桥烧香，派他一个人守船。

(458) 应当吃饭时候不得吃饭，人饿了，坐到小凳上敲打舱板，他仍然得想一点事情。

(459) 一个用酒糟同红血所捏成的橘皮红色四方脸，也是极其讨厌的神气，保留在印象上。

老七丈夫经历一系列事件之后决定离开河船，带老七回乡下。他表明"回去也好"的想法说明他的内心已经发生了改变，他决定带妻子离开船妓生意。

(460) 摸了摸自己发烧的额角，幽幽的说："回去也好，回去也好。"就跟了媳妇的身后跑转船上。

老七丈夫的认同资源主要说明人会受到环境的影响，朝某个方向转变。船妓生意对于老七的影响表现为衣着服饰的转变，但是对于老七丈夫的影响变现为内心想法的改变。仅仅几天时间，老七丈夫内心产生了极大的变化。他开始仍然能有兴趣在船上看河中景色，尽由妻子在前舱陪客，到后来依然决定离开。这种船妓生意本身所带给人的改变不是积极的，而是消极的，从老七丈夫的认同资源可以看出，这些不合理的船妓生意导致人物心境发生了改变，迫使人们远离这种生活环境。

5.1.3 小结

收缩资源一般不会单独作为评价资源出现，而是与态度资源紧密联系在一起。文学语篇借助收缩资源说明态度意义的介入方式，但上述语料的侧重点有所不同。例如，《包身工》的否认资源多与包身工的工作环境和悲惨境遇相关，突出包身工制度的暴行。《春蚕》的否认资源多与变化的世界相关，例如茧厂关门不收蚕茧，为农民丰收欠债的结局铺垫。《为奴隶的母亲》的否认资源多与典妻的悲惨境遇相关，突出典妻交易对人的摧残。《丈夫》的否认资源多与老七丈夫的心理变化相关，说明船妓生意对男子的消极影响。此外，上述语料也存在一些共通之处。无论是可以替换的肯定立场，还是出乎意料的命题，否认资源的背后都有着占主导地位的态度意义，都在为语篇主题服务。例如，上述语篇的否认资源都与旧中国底层人们的生活息息相关，呈现了他们消极负面的情感，为批判旧社会制度和现象的语篇主题奠定基础。

公告资源限定了语篇与读者对话的范围。语篇《包身工》的命题范围基本相同，都围绕着包身工所遭受的非人待遇，认同包身工身体瘦弱却长期承担高强度工作，断言歹毒的管理者会受到诅咒。语篇《春蚕》的命题范围限定在老通宝的家境变化，认同老通宝家早年家境是好的，后来也颓败了，如同"天变了、世界变了"一样，说明在旧社会制度下农民很难脱贫。语篇《为奴隶的母亲》的命题范围相对分散，作者认同典妻丈夫的残暴、秀才妻子的刻薄，断言典妻的悲惨。语篇《丈夫》的命题范围基本围绕老七丈夫的心理转变，作者认同他保留着乡下的习惯，但船上的经历使他愤怒地离开了。从上述命题的范围来看，语篇各自的侧重点与主要人物相关，而且公告资源都侧面揭示了主要人物的负面情感，从而反映这些负面情感都是某些不合理的社会制度造成的，也印证了旧社会对于底层民众的负面影响。

5.2　话语扩展及其评价动机

话语扩展方式包括接纳、宣称和疏离三个范畴。在本书的语料中，一些评价资源通过这三种方式之一，打开了容纳其他立场的大门，具体表现在表5.3中所示的这三个评价范畴中。从数量来看，疏离资源数量太少，不具有显著特征。

表 5.3　扩展资源的数量

类别		《包身工》	《春蚕》	《为奴隶的母亲》	《丈夫》
接纳		114	259	373	305
归属	宣称	12	92	60	63
	疏离	26	2	1	1
总计		152	353	434	369

5.2.1　接纳与不同声音

接纳表明个人意见之外依然有其他意见存在，个人意见只是所有意见中的一种。通常，接纳通过情态（Modality）和言据性（Evidentiality）来体现。

5.2.1.1　不同人物的声音

语篇《包身工》的接纳资源大多来自作者的声音，有 82 个（约占 71.93%），其他的声音来自不同人，不具有显著特征，故不再赘述。

与包身工相关的接纳资源用来传达作者的声音，作者对包身工的评价包含了大量的情态词，如常常、似乎、可能等，表明作者允许其他声音介入，他自己的评价只是众多评价之一。这些资源主要评价包身工，例如她们精神似乎迟钝，常常吃不到饭，大概没人知道姓名，往往死得更快等。

(461) 女性所有的那种害羞的感觉，在这些被叫做"猪猡"的人们中间似乎已经很迟钝了。

(462) 她们会半裸体地起来开门，拎着裤子争夺马桶，将身体稍稍背转一下就公然在男人面前换衣服。

(463) 她十五六岁，除了老板之外，大概很少有人知道她的姓名。

(464) 轮着擦地板或倒马桶的，常常连一碗也盛不到。

(465) 包身契上写明三年期间，能够做满的大概不到三分之二。

(466) 长得结实的往往会像折断一根麻梗一样很快的死亡，而像

"芦柴棒"一般的包身工,每一分钟都有死的可能,可是她们还在那儿支撑。

包身工被骗到工厂后,她们吃的不能叫粥,住的不能叫床,吃饭也只能站着,生病的时候没有假期,依然继续为老板们忠实地卖命工作。她们是可以安全储藏的罐装劳动力,不会有化学变化的危险。

(467)就拿上面讲到过的"芦柴棒"来做个例吧(其实,这样的事倒是每个包身工都会遇到的),有一次,在一个很冷的清晨,"芦柴棒"害了急性的重伤风而躺在床(其实这是不能叫作床的)上了。

(468)只有两条板凳,——其实,即使有更多的板凳,这屋子也不能同时容纳三十个人吃粥。

(469)所以包身工是一种"罐装了的劳动力",可以"安全地"保藏,自由地使用,绝没有因为和空气接触而起变化的危险。

相比之下,带工老板们可以享有很多特权,能从事挣钱的买卖。拿摩温、打杂的等人对待包身工的方式歹毒,只要包身工犯错,他们就会毒打、毒骂和虐待。毒打这群包身工成了管理者分内的事,成了他们的管理习惯。

(470)排场大的带工,不仅可以放债,买田,造屋,还能兼营茶楼、浴室、理发铺一类的买卖。

(471)只要断了线不接,锭壳轧坏,皮辊摆错方向,乃至车板上有什么堆积,就会遭到毒骂和毒打。

(472)在纱厂,活儿做得不好,罚规大抵是殴打、罚工钱和"停生意"三种。

(473)这种"文明的惩罚",有时候会叫你继续到两小时以上。

(474)两小时不做工作,赶不出一天该做的活儿,那么工资减少而被带工老板殴打,也就是分内的事了。

作者通过接纳资源针对不同人群做出评价，说明除了自己对于包身工及其管理者的评价，还可以出现其他人的评价。但是，从接纳资源的对比明显可以看出，这群管理者没有人性，不把包身工当人对待，导致包身工的生活环境极其恶劣。

5.2.1.2 主要人物的声音

语篇《春蚕》中共有259个接纳资源，其中来自作者的接纳资源有27个，来自老通宝的有159个（约占61.39%），来自四大娘的有37个，来自多多头的有24个，来自荷花的有4个，来自六宝的有6个，来自阿四的有6个，来自全村的女人和小孩们共18个，来自张财发的有1个。从数量上来看，来自老通宝的接纳资源是主要的，具有前景化特征。

语篇开头，来自老通宝的声音表达了对今年局势的担忧，他认为今年不太平，恐怕这里的茧厂也开不了门。但老通宝不肯相信，寄希望于春蚕丰收。

(475) 老通宝也听得镇上小陈老爷的儿子——陈大少爷说过，今年上海不太平，丝厂都关门，恐怕这里的茧厂也不能开。

老通宝也评价了自家和陈老爷家的家境同样衰败了，认为他们的命运是连着的。到了现在自家忍饥省钱养蚕反而还欠下了债。

(476) 老通宝相信自己一家和"陈老爷家"虽则一边是高门大户，而一边不过是种田人，然而两家的运命好像是一条线儿牵着。

(477) 他自己家也要常常把杂粮当饭吃一天，而且又欠出了三百多块钱的债。

他认为自己有这样的结局是因为洋鬼子把钱骗去了，他同意老陈老爷的观点。这体现了他对洋鬼子的态度，所以在洋种蚕茧的问题上和四大娘争执了起来。

(478) 并且老陈老爷也是很恨洋鬼子，常常说"铜钿都被洋鬼子骗去了"。素来和儿媳总还和睦的老通宝，在这件事上可就吵了架。

老通宝认为今年的春蚕光景是好年，也许还可以为自家还债。凡是影响春蚕丰收的事情，老通宝都是不满的，他告知小小宝和多多头要远离荷花。除了迷信荷花会给自家春蚕带来霉运，老通宝一如既往会虔诚地祭拜蚕花娘娘，相信命运的大蒜头。

(479) 今年的蚕花，光景是好年成。只要不像去年，他家的债也许可以拔还一些罢。

(480) "那母狗是白虎星，惹上了她就得败家"，——老通宝时常这样警戒他的小儿子。

(481) 你再跟那东西多嘴，我就告你忤逆！

老通宝也担心蚕宝宝吃的蚕叶不够，怕蚕叶涨价，自家无力购买。但后来转念想到如果春蚕丰收，还可以还一些自家的债。老通宝全家人看到春蚕丰收时脸上挂满了喜悦，即便脸上淋到春蚕的尿，也巴不得多淋一些。

(482) 谁也料得到这些"宝宝"上山前还得吃多少叶。

(483) 老通宝偏偏听得了，心里急得什么似的。四块钱一担，三十担可要一百二十块呢，他哪来这许多钱！

(484) 但是想到茧子总可以采五百多斤，就算五十块钱一百斤，也有这么二百五，他又心一宽。

(485) 偶或他们仰着的脸上淋到了一滴蚕尿了，虽然觉得有点难过，他们心里却快活；

然而，语篇结尾来自老通宝的声音发生了巨大的变化，茧厂关门，没有人收购春蚕，这对辛苦养蚕的全家人来说无疑是巨大的打击。他们得知无锡脚下的茧厂收购春蚕，赶船去卖，结果被挑得剩了一大筐。结局是悲惨的，春蚕丰收时人们的日子却变得更加困难。

　　（486）难道那"五步一岗"似的比露天毛坑还要多的茧厂会一齐都关了门不做生意？
　　（487）会没有人要，他不相信。
　　（489）人们做梦也不会想到今年"蚕花"好了，他们的日子却比往年更加困难。

　　老通宝借钱养蚕，和全家人挨饿熬夜养蚕，甚至迷信般远离白虎星荷花。老通宝的接纳资源辅助说明了他的满意度正反交替出现，体现了他的观点多变，任何与春蚕相关的好坏消息都会影响他的评价。
　　在半殖民地半封建社会，经济被掌控在少数资本家手中，关闭茧厂或压低蚕茧价格，都会重创蚕农。对于受到重创的蚕农来说，这种经济体制是不合理的。如同老通宝一样，人们寄希望于春蚕丰收来改善家境，然而在这种经济体制下结局自然是悲惨的。这反映了语篇主题，揭示了故事背后不平衡不恰当的经济体制。

5.2.1.3　对立人物的声音

　　语篇《为奴隶的母亲》的接纳资源共计 373 个，来自作者的接纳资源有 2 个，来自典妻的有 111 个（约占 29.76%），来自典妻丈夫的有 48 个，来自秀才的有 60 个，来自秀才大妻子的有 76 个（约占 20.38%），来自沈家婆的有 35 个，来自春宝的有 4 个，来自长工的有 2 个，来自黄妈的有 3 个，来自秋宝的有 2 个，来自抬轿老人的有 1 个，其他不相关的有 4 个。从比例来看，典妻的接纳资源具有显著特征。
　　对于将自己出租给别人的这一交易，典妻的声音里缺乏安全感。而她丈夫的声音却异常坚定，认为这是唯一的办法，必须将她典租出去。这显示出她丈夫的行为没有道德底线，评价是负面的。丈夫将妻子出租给别人本身就是不道德的行为。从典妻对春宝的谈话中可以看出，作为父亲，他经常动手打春宝也是不道德的行为。

（490）倒霉的事情呀，我！——一点也没有别的方法了么？

（491）她底思想似乎浮漂在极远，可是她自己捉摸不定远在那里。

（492）我想，还是从你底身上设法罢。

（493）宝宝好好地在家里，不要哭，免得你爸爸打你。

此外，语篇中还有典妻评价秀才大妻子的声音。虽然秀才大妻子在众人面前对典妻和佣人很和善，但是却经常辱骂典妻，把她当佣人一样使唤。

（494）她可以听见房外的大娘底声音在高声地骂着什么人，她一时听不出在骂谁，骂烧饭的女仆，又好像骂她自己，可是因为她底怨恨，仿佛又是为她而发的。

（495）她还算是聪明的，有时老妇人底换下来的衣服放着，她也给她拿去洗了，虽然她说……

同时，秀才大妻子对典妻和秀才之间的关系非常敏感，凡是有亲密动作接触就会大骂典妻，从典妻非得急忙避开不可的动作可以看出。评价秀才大妻子的接纳资源多与她的恰当性资源联系在一起，此处为消极的恰当性资源。从典妻的声音来判断，秀才大妻子的监视行为是不道德的。

（496）这样以后，她望见秀才从外面回来而旁边没有她坐着的时候，就非得急忙避开不可。

（497）即使她在旁边，有时也该让开一些，但这种动作，她要做的非常自然，而且不能让旁人看出，否则，她又要向她发怒，说是她有意要在旁人的前面暴露她大娘底丑恶。

（498）还是早些脱离罢，她简直探子一样地监视着我了。

语篇中有的声音是来自典妻对秋宝说的，例如，秀才大妻子让秋宝叫自己娘，叫典妻姊姊，说明她的行为也是不道德的。

在语篇中评价典妻丈夫、秀才和秀才大妻子的资源不只来自典妻一个人,也有来自其他人或作者的评价。而通过接纳资源,典妻对他们的评价阐释了她自己对这些人的观点和看法,例如典妻丈夫和秀才大妻子的不道德行为就来自典妻的评价,这些都是从典妻的视角进一步补充说明他们的负面形象。

5.2.1.4 人物转变前后的声音

语篇《丈夫》的接纳资源共有 305 个,其中来自作者的有 26 个,来自老七丈夫的有 117 个(约占 38.36%),来自老七的有 9 个,来自水保的有 59 个,来自掌班大娘的有 45 个,来自五多的有 13 个,来自醉鬼的有 15 个,来自巡官的有 4 个。从数量来看,来自老七丈夫的接纳资源具有显著特征。

老七丈夫(男子)的个人意见始终与他的情感意义和判断意义相联系。对于妻子的打扮,男子显得吃惊,体现了他缺少安全感。同时他怕影响船上客人休息,独自坐在船舱,从省得、好像、恐、要等字词可以看出他的真诚。

(499)玩过后,仍然由那旧地方转到船上,小心小心已使声音放轻,省得留在舱里躺到床上烧烟的客人发怒。

(500)好像单单是这样答应,还深恐开罪了来人,这时觉得有一点义务要尽了,这男子于是从暗处爬出来,在舱口,小心小心板着篷架,非常拘束的望着来人。

男子来河船的主要目的就是看看妻子老七,然而却总是没有机会和妻子单独相处,不能在一起说话,也只有留下来独自守船。正是因为这样他碰到了水保,他猜想水保一定是有身份有地位的人。

(501)今天一早上,本来应当有机会同媳妇谈到乡下事情了,女人又说要上岸过七里桥烧香,派他一个人守船。

(502)他猜想这人一定是老七的熟客。

133

(503) 他猜想老七一定得了这人许多钱。

男子听到水保让老七陪夜的要求后,心情无法平静,不满意船上的生活,他的满意度极低,没了快乐,不想歌唱,想要回家。水保的不当言辞让他的内心发生了转变,他的情感意义从积极转变为消极,这是第一个转变的原因。

(504) 正似乎为装满了钱钞便极其骄傲模样的抱兜,在他眼下再现时,把原有和平失去了。

(505) 他不能再唱一首歌了。

(506) 他不能再有什么快乐。

(507) 按照一个种田人的脾气,他想到明天就要回家。

第二个转变的原因来自男子在船上的经历。从对面船上的人捞起他丢下的木柴,再到醉鬼闹船和巡官查船的事,他又一次决定离开河船。这些事迫使他的情感由积极转向消极,究其原因,都是船妓生意造成的,或者说是醉鬼等人的不恰当言行造成的。

(508) 但那柴是在两三丈以外,便被别个船上的人捞起了的。那船上人似乎一切都准备好了,正等待一点从河面漂流而来的湿柴,把柴捞上,即刻就见到用废缆一段引火,且即刻满船发烟,火就带着小小爆裂声音燃好了。

(509) 眼看这一切,新的愤怒使年青人感到羞辱,他想不必等待人回船就走路。

(510) 一切归一了,就坐到那矮床边沿像是有话说又说不出口。

语篇的接纳资源实际上与男子的情感意义联系紧密。男子的观点只是众多观点中的一种,但从所有的接纳资源来看,具有显著特征和代表性。分析男子的接纳资源时,我们发现,男子的情感从积极转变为消极正是由水保、醉鬼和巡官等人不恰当的言行引起的。

5.2.2 归属与反对之声

宣称是借用了外部的观点，但没有表明讲话者或作者是否赞同与命题相关的观点，这点和疏离不一样，通常它的体现形式有 they said、she argued 等。疏离是讲话者或作者引用他人的观点，但持有和引用观点相反的观点，典型的体现动词是 claim。

5.2.2.1 来自作者的反对声音

语篇《包身工》中来自作者的宣称资源有 12 个（占 100%），来自作者的疏离资源有 26 个（占 100%）。

作者借用的命题主要有管理者对包身工的称呼，以及他们认为包身工人人得而欺之的观点。

(511) 可是打杂的很快地就停止了。据说那是因为"芦柴棒"那突出的腿骨，碰痛了他的脚趾。

(512) 包身工由带工带进厂里，厂方把她们叫做"试验工"和"养成工"。

(513) 打死不要紧，在这种情形之下，包身工当然是"人人得而欺之"了。

(514) 有人觉得她太难看了，对老板说。

对比而言，作者同意的命题是人们对于管理者的控诉，这体现了作者的声音，即控诉这些没有人性的管理者，警告他们。

(515) 美国的一位作家索洛曾在一本书上说过，美国铁路的每一根枕木下面，都横卧着一个爱尔兰工人的尸首。

(516) 索洛警告美国人当心枕木下的尸首，我也想警告某一些人，当心呻吟着的那些锭子上的冤魂！

此外，通过疏离资源，作者表明自己反对以下命题的态度，如例句

(517—518)。

(517) 七尺阔、十二尺深的工房楼下，横七竖八地躺满了十六七个被骂做"猪猡"的人。

(518) 女性所有的那种害羞的感觉，在这些被叫做"猪猡"的人们中间似乎已经很迟钝了。

作者明显反对包身工被骂做、被叫做猪猡。管理者权力大，地位高，他们用猪猡、懒虫等蔑称来称呼纺织厂的女工，说明他们看不起这个群体，并特意与之保持距离。作者引用他们的话是为了和读者结盟，共同反对管理者非人般对待这些女织工。

(519) 但是，她们正式的名称却是"包身工"。

(520) 他们大量用这种没有"结合力"的"包身工"来代替普通的自由劳动者。据说这是一种极合经济原理和经营原则的方法。

根据老板等人的称呼，这些纺织女工被称作包身工，被用来替代那些自由劳动者为老板们谋得利益。包身工、猪猡等评价资源远离了读者的预期，说明作者反对管理者的这些评价，反对他们蔑称包身工的做法。

5.2.2.2 主要人物的反对声音

语篇《春蚕》的宣称资源有92个，其中来自作者的宣称资源有9个，来自老通宝的有48个（约占52.17%），来自四大娘的有9个，来自多多头的有16个，来自六宝的有4个，来自村里女人们的有6个。从数量上来看，来自老通宝的宣称资源占比最高，具有显著特征。

老通宝认为自家的命运如同陈老爷家的命运一样衰败了，以为这是命运使然，对于别人的看法持赞同意见。他认为家境的衰败是因为祖父和老陈老爷当年杀死了"长毛鬼"，他们在阴间告状，因此他非常痛恨西洋事物。这些不是作者所赞同的观点，作者没有直接否定他的观点，而是通过春蚕丰收蚕农欠债的事实来表明自己的观点。

(521) 老通宝相信自己一家和"陈老爷家"虽则一边是高门大户，而一边不过是种田人，然而两家的运命好像是一条线儿牵着。

(522) 人家都说"长毛鬼"在阴间告了一状，阎罗王追还"陈老爷家"的金元宝横财，所以败的这么快。

宣称资源辅助体现了老通宝颇为不满的事情。有人告诉老通宝新朝代要打到洋鬼子，他到镇上看了后并不相信，认为这些年青人和洋鬼子串通好了来骗乡下人，所以他更加痛恨洋鬼子。

(523) 五年前，有人告诉他：朝代又改了，新朝代是要"打倒"洋鬼子的。

(524) 他想来这伙年青人一定私通洋鬼子，却故意来骗乡下人。

关于春蚕是否丰收是否大卖的命题，来自老通宝的宣称资源辅助说明他是否满意、是否心安。当看到春蚕长势良好时，他心里特别满意；当看到荷花来到他家蚕房时，他坐立不安，心里没有安全感；当得知没有人收购春蚕时，他心里再次缺少安全感。

(525) 他说：今年蚕花一定好，可是想发财却是命里不曾来。
(526) 老通宝自心里这么想，觉得前途只是阴暗。
(527) 他以为即使是肚子里想，也是不吉利。
(528) 会没有人要，他不相信。

来自老通宝的宣称资源实际上与他的安全性以及满意性资源联系甚密。从老通宝讲述自家命运的观点，到讲述春蚕是否丰收的观点，透露出一种对比，即命运与现实的对比，不是"长毛鬼"告状导致的命运衰败，而是春蚕丰收欠债背后所隐藏的资本主义经济剥削导致老通宝家和全村人的家境衰败。虽然语篇尚未提及半殖民地半封建社会经济体制的剥削本质，但它却是春蚕丰收农民欠债的根本原因。虽然作者没有明确指出是赞同还是反对老通宝的观点，但是宣称资源和态度资源的分析也可以呈现某个命题背后深层次的评价动机。

5.2.2.3 对立人物的反对声音

语篇《为奴隶的母亲》的归属资源共计 62 个，其中宣称资源有 60 个，疏离有 2 个。在宣称资源中，来自典妻的有 13 个，来自典妻丈夫的有 4 个，来自秀才的有 11 个，来自秀才大妻子的有 15 个，来自沈家婆的有 8 个，来自抬轿老人的有 2 个，来自客人的有 2 个，来自邻居妇人们的有 5 个。与秀才大妻子相关的宣称资源最多，具有显著特征。

作者在语篇中引用多个人的观点来评价秀才的大妻子。

首先是来自典妻对她的评价。典妻进门没多久就听见秀才大妻子（老妇人）在外面大骂，她怀疑在骂自己。她知道老妇人猜忌心强，里外不一，因此将老妇人的责骂记在心里，每次和秀才保持一定的距离。不难看出，典妻对老妇人的观点是尽量保持忍让，即使她缺乏安全感，也要避免老妇人再次发怒。这说明典妻缺乏安全感的主要原因来源于老妇人违反道德规范的行为举止。

(529) 她知道这个老妇人是猜忌多心的，外表虽则对她还算大方，可是她底嫉妒的心是和侦探一样，监视着秀才对她的一举一动。

(530) 即使她在旁边，有时也该让开一些，但这种动作，她要做的非常自然，而且不能让旁人看出，否则，她又要向她发怒，说是她有意要在旁人的前面暴露她大娘底丑恶。

其次是来自老妇人自己的观点。她疑心秀才给典妻买什么特别的东西，就会训斥秀才一番，更是赤裸裸地针对典妻。老妇人的这些观点说明她的情感是消极负面的，对丈夫不信任，对典妻刻薄。她不相信典妻的柔弱，不认可典妻的存在，她的眼里都是不满意的事情。

(531) 有时，秀才从外面回来，先遇见了她而同她说话，老妇人就疑心有什么特别的东西买给她了，非在当晚，将秀才叫到她自己底房内去，狠狠地训斥一番不可。

第 5 章　介入意义与评价主旨

(532) 她说她装娇，噜噜苏苏地也说了三天。

(533) 她先是恶意地讥嘲她：说是一到秀才底家里就高贵起来了，什么腰酸呀，头痛呀，姨太太的架子也都摆出来了。

(534) 以前在她自己底家里，她不相信她有这样的娇养，恐怕竟和街头的母狗一样，肚子里有着一肚皮的小狗，临产了，还要到处地奔求着食物。

上述分析说明，这里的宣称资源主要从多个人的观点评价老妇人的行为举止，旨在表明老妇人的言行举止违背了道德规范。这些可以从老妇人辱骂典妻和秀才的言行来判断，也可以从她疑心重重、唠叨不断的行为举止来判断。

5.2.2.4　无知男子的反对声音

语篇《丈夫》的归属资源共计 64 个，其中宣称有 63 个，疏离有 1 个。宣称资源中，来自作者的有 4 个，老七丈夫的有 39 个（约占 61.90%），水保的有 13 个，掌班大娘的有 5 个，五多的有 3 个。从数量来看，与老七丈夫（男子）相关的数量最多，具有前景化特征。

宣称资源以男子的观点为中心，以其他人的观点为辅。以男子看待水保的观点为例，男子明白水保是有身份的人，他猜想水保是熟客，所以答话非常谨慎，生恐得罪了来人。

(535) 这男子，明白这是有身份的主顾了，就学着城市里人说话："大爷，您请里面坐坐，她们就回来。"

(536) 他猜想这人一定是老七的熟客。

(537) 他猜想老七一定得了这人许多钱。

男子认可了水保的身份地位，吩咐过我表明男子答应水保的要求，以下位者的身份对待他的要求。

(538) 我忘记告你们了，今天有一个大方脸人来，好像大官，吩咐过我，他晚上要来，不许留客。

但是经历了一系列事件后，男子观点发生了改变，与刚上河船时不一样。水保要求老七陪夜，当着男子的面说出这样的要求，这令男子的内心发生了一点变化，男子的情感倾向从积极的转向消极的。估计是指没有完全确定的事，体现了男子的内心变化不明显。

(539) 一个不安分的估计在心上滋长了。

语篇中也有宣称资源说明男子决定回家的想法，例如他想立刻回家。男子此时内心已发生巨大的变化，已明确了自己的态度。

(540) 按照一个种田人的脾气，他想到明天就要回家。
(541) 眼看这一切，新的愤怒使年青人感到羞辱，他想不必等待人回船就走路。

从男子观点的变化来看，他对水保的评价反映了其情感因素从积极到消极的转变，说明水保不恰当的言行举止导致他产生了立刻回家的想法。男子对醉鬼等人的评价也反映了同样的情况，也说明了其情感变化的原因，此处略议。

5.2.3 小结

接纳资源表明还有其他声音存在，作者个人或小说人物的声音只是其中之一。语篇中具有显著特征的某个声音与其评价主旨相关，都是作者刻意为之，围绕占主导地位的评价范畴展开。例如，语篇《包身工》中作者的声音表明了与包身工相关的生活和工作条件的评价并非只有一种可能，读者也可以自行探明真相。作者通过对比不同人群对待包身工的态度，进而谴责了这种包身工制度对于纺织女工的虐待。语篇《春蚕》的接纳资源辅助说明了老通宝对待西洋人和封建祭礼的态度，表面上塑造了老通宝的顽固形象，描写了他的迷信行为，而实际上揭露了农民养蚕丰收却欠下债务的经济体制问题。语篇《为奴隶的母亲》通过典妻的声音说明众人的不道德行为,明确了评价主旨。典妻丈夫将典妻租给别人和殴打春宝的不道德行为,以及秀才大妻子谩骂和监视典妻的不道德行为,都凸显了苦难生活和不当交易对于女性的摧残。语篇《丈夫》的接纳资源说明了老七丈夫的情感因素从积极到消极的转变,水保和醉鬼等人的不当言行导致他缺乏安全感。

宣称资源没有表明作者赞同或反对某个观点,但借助小说人物观点,通过亲疏关系和对比方式凸显了语篇主题。例如,语篇《包身工》从管理者的声音出发,蔑称纺织女工为"猪猡"等,旨在使读者疏远这些管理者,与作者一起痛斥管理者缺乏人性。语篇《为奴隶的母亲》从典妻的观点出发,揭示了她的丈夫和秀才大妻子违反道德规范的行为举止,旨在引导读者倾听受苦受难者的声音,同情主人公的悲惨境遇,建立情感共鸣。此外,语篇《春蚕》从老通宝的观点出发,对比春蚕丰收前后村民的家庭境况,辅助说明作者对于当时农村经济状况的判断,凸显半殖民地半封建社会经济剥削农民的残酷真相。语篇《丈夫》从老七丈夫的观点出发,他对于水保的评价前后不一,从尊敬转为厌恶,由此说明其心理发生巨大转变的深层原因。

第6章

级差意义与评价主旨

级差现象是指态度意义的强弱变化，也涉及介入意义表达某种立场声音的方式变化。本书根据胡德（Hood 2010）模式，从数量、强度和聚焦三个方面，探讨级差资源的分布特征，立足于语篇中主要的、深层次的、中心的评价范畴。

本书的语料《包身工》《春蚕》《为奴隶的母亲》《丈夫》包含一定数量的表达级差意义的评价资源，对应的资源数量如表 6.1 所示。

表 6.1 级差资源的数量

类别		《包身工》	《春蚕》	《为奴隶的母亲》	《丈夫》
语力	量化	284	964	699	579
	强化	449	1 302	1 275	924
聚焦		24	75	75	18
总计		757	2 341	2 049	1 521

6.1 数量资源及其评价动机

6.1.1 恶劣环境的量化

语篇《包身工》的数量资源主要与包身工以及她们的生存环境等内容相关。她们被称为猪猡，居住环境拥挤、条件差，被形容为奴隶。数量资源十六七个、一大群等说明包身工数量多，居住拥挤，突出了恶劣的生活环境。

（542）七尺阔、十二尺深的工房楼下，横七竖八地躺满了十六七个被骂做"猪猡"的人。

（543）像鸽笼一般，每边八排，每排五户，一共是八十户一楼一底的房屋，每间工房的楼上楼下，平均住宿三十多个人。

(544)红砖"罐头"的盖子——那扇铁门一推开,带工老板就好象赶鸡鸭一般把一大群没有锁链的奴隶赶出来。

数量资源不仅量化了她们恶劣的生存环境,而且突出了她们所遭受的非人待遇。这种待遇是来自管理者的虐待,体现为毒打、饿饭等等不恰当的管理方式。此外,她们的饮食被管理者克扣,吃不饱,吃的也不叫饭菜。

(545)那男子虎虎地向起身慢一点的人的身上踢了几脚,回转身来站在不满二尺阔的楼梯上,向楼上的另一群人呼喊……

(546)殴打之外还有饿饭、吊起、关黑房间等等方法。

(547)十几只碗,一把竹筷,胡乱地放在桌上,轮值烧稀饭的就将一洋铅桶浆糊一般的薄粥放在板桌中央。

(548)有几个"慈祥"的老板到菜场去收集一些菜叶,用盐一浸,这就是她们难得的佳肴。

管理者榨取包身工的劳动价值,迫使她们拼命工作,甚至拳打脚踢一些效率低的包身工。下面与货币相关的数量资源说明了管理者从包身工身上获取的利润。

(549)"芦柴棒"现在的工钱是每天三角八分,拿去年的工钱三角二分做平均,两年来带工老板从她身上实际已经收入二百三十块钱了!

(550)单就这福临路的日本厂子讲,一九零二年日本大财阀三井系的资本收买大纯纱厂而创立第一厂的时候,锭子还不到两万,可是三十年之后,他们已经有了六个纱厂,五个布厂,二十五万个锭子,三千张布机,八千工人和一千二百万元的资本。

从管理者虐待包身工的情况来看,以及从包身工恶劣的生存环境来看,他们靠压榨包身工获得利润,通过非人道的管理方式迫使包身工提高工作效率。

6.1.2 艰苦生活的量化

语篇《春蚕》的数量资源主要围绕老通宝家养蚕的过程和结局展开。老通宝全家人之所以寄希望于春蚕丰收，主要是因为欠下了三百多块钱的债。

(551) 老通宝现在已经没有自己的田地，反欠出三百多块钱的债，"陈老爷家"也早已完结。

(552) 他自己家也要常常把杂粮当饭吃一天，而且又欠出了三百多块钱的债。

三百多块钱的债对于老通宝家来说是一笔巨额数字，他们辛苦一年，扣除劳动和桑叶的成本，也赚不到这么多钱。然而老通宝还是对饲养春蚕报以希望，他希望自家的债可以还一些。

(553) 但是想到茧子总可以采五百多斤，就算五十块钱一百斤，也有这么二百五，他又心一宽。那边"捋叶"的人堆里忽然又有一个小小的声音说。

(554) 只要不像去年，他家的债也许可以拔还一些罢。

为了养好蚕，老通宝全家每天少吃一顿饭。好在全家人的辛苦没有白费，大眠时蚕茧毛重达到了三百斤。因为蚕宝宝数量众多，需要更多的桑叶，所以老通宝不得不抵押自己的桑地以借钱买桑叶。

(555) 今年是特地全家少吃一餐饭，省下钱来买了"糊箪纸"来了。

(556) "大眠"捉了毛三百斤，老通宝全家连十二岁的小宝也在内，都是两日两夜没有合眼。

(557) 老通宝偏偏听得了，心里急得什么似的。四块钱一担，三

语言评价与文学主题

十担可要一百二十块呢,他哪来这许多钱!

(558) 临走前,他和四大娘商量好,决定把他家那块出产十五担叶的桑地去抵押。

语篇中的数量资源不仅与老通宝家饲养春蚕的过程有关,而且还与他们饲养春蚕的结局有关。他们花光了所有的钱,费尽了心思,能否得到回报还是个未知数,毕竟茧厂关门,蚕茧卖不出去。

(559) 他们钱都花光了,精力也绞尽了,可是有没有报酬呢,到此时还没有把握。

(560) 并且愈是像老通宝他们家似的,蚕愈养得多,愈好,就愈加困难,——"真正世界变了!"

老通宝听说无锡脚下有茧厂收茧,仿佛看到了一线希望,但希望值并不高,弱化了可能性。老通宝最终卖茧所得的一百十一块钱和早期预计的收入形成了明显的反差,从而引出意料之外的结局。

(561) 终于一线希望忽又来了。

(562) 老通宝他们实卖得一百十一块钱,除去路上盘川,就剩了整整的一百元,不够偿还买青叶所借的债!

这里的数量资源体现了与读者期望相反的结果,也是作者阐述的"丰收欠债"的客观证据。作者通过数量资源说明老通宝养蚕收支的巨大悬殊,客观地评价了农村经济的失衡现象。数量资源表面上是数值的量化,而实际上服务于评价动机,通过对比说明农村经济失衡的深层原因。

6.1.3 人物情感的量化

语篇《为奴隶的母亲》的数量资源主要围绕两个人的对比展开。一是围绕典妻的数量资源,主要说明她积极的行为规范;二是围绕秀才大妻子的数量资源,主要体现她负面的言行。

首先，典妻的数量资源都字说明，即便她作为商品被出租后，她也舍不得丢下自己的春宝，临走前为春宝整理好换季衣服。都属于高值范畴，涵盖了典妻为春宝所做的工作数量，侧面说明她对于春宝的关爱。

(563) 她先将春宝底几件破衣服都修补好，春将完了，夏将到了，可是她，连孩子冬天用的破烂棉袄都拿出来，移交给他底父亲——实在，他已经在床上睡去了。

典妻在秀才家并不像妾室一样可以享清福，而是如同佣人一样要做繁多的家务。她每月也只有两角的零用钱，且悉数花在秋宝身上，这也说明她对于秋宝的关爱。

(564) 可是梦是一个比一个缥缈，眼前的事务是一天比一天繁多。

(565) 我在这里，每月只挪两角钱的零用，我自己又那里要用什么，悉数补在孩子底身上了。

作为母亲，典妻无法忘记春宝，也无法割舍秋宝，两种矛盾的冲突在她内心对撞。在得知春宝生病后，她的内心如同四五只猫抓一样，这里的数量资源量化了典妻内心的不安程度，进一步说明了典妻担忧儿子病情的行为符合道德规范。

(566) 在孩子底母亲的心呢，却正矛盾着这两种的冲突了：一边，她底脑里老是有"三年"这两个字，三年是容易过去的，于是她底生活便变做在秀才底家里底用人似的了。

(567) 这时妇人底胸膛内，简直似有四五只猫在抓她，咬她，咀嚼着她底心脏一样。

再者，与秀才大妻子相关的数量资源大多数来自他人的评价，说明她的言行举止是否符合道德规范。例如，她监视秀才对典妻的一举一动，说过许多刻毒的话,把许多杂务都让典妻完成。这些数量资源都属于高值范畴,都说明秀才大妻子的举止言辞缺乏道德规范。不止一次属于中值范畴,但也体现了她的不当言辞。

(568) 她知道这个老妇人是猜忌多心的,外表虽则对她还算大方,可是她底嫉妒的心是和侦探一样,监视着秀才对她的一举一动。
(569) 像这样的话,她耳闻到不止一次了。
(570) 而且以后,竟将家里的许多杂务都堆积在她底身上,同一个女仆那么样。
(571) 老妇人似乎还有许多刻毒的锐利的话,可是秀才走远开听不见了。

下面两例是秀才大妻子评价典妻的例子,其中的数量资源都属于高值范畴,都体现了她的言行举止不恰当,包括辱骂典妻、把怀孕的典妻比喻为街上的母狗等不当言辞。这些例子说明秀才大妻子在评价他人时所使用的言辞缺乏道德规范,其人物形象多伴随着一些消极负面的评价。

(572) 她先是恶意地讥嘲她:说是一到秀才底家里就高贵起来了,什么腰酸呀,头痛呀,姨太太的架子也都摆出来了。
(573) 以前在她自己底家里,她不相信她有这样的娇养,恐怕竟和街头的母狗一样,肚子里有着一肚皮的小狗,临产了,还要到处地奔求着食物。

结合两个人物的数量资源,讨论与其关联的态度意义,有助于分析语篇内深层次的评价范畴,揭示数量资源具有调节态度意义的强弱功能。例如典妻的数量资源说明她的言行举止符合道德规范,相反,秀才大妻子的数量资源显示她的言行举止违背道德规范。

6.1.4 众多人物的量化

语篇《丈夫》的数量资源分散于多个人物的评价。

首先，数量资源与醉鬼嫖客们的寻乐行为相关。他们花钱半元到五块放肆取乐，通过金钱交易得到酒色等不正当交易，这本身就是一种非法的交易。

(574) 上了船，花钱半元到五块，随心所欲吃烟睡觉，同妇人毫无拘束的放肆取乐。

他们以金钱为诱，说着野话，抛出五百、一千让老七等人拨弄琴弦，进行酒色交易。这些数量资源辅助刻画了船妓现象所衍生出的众生丑态。

(575) 老子赏你五百！
(576) 臭货，喊龟子出来，跟老子拉琴，赏一千！
(577) 兵士胡闹了一阵走去后，五多、大娘、老七都在前舱灯光下说笑，说那兵士的醉态。
(578) 不一会，醉人已经进到前舱了，两个人一面说着野话，一面还要争夺同老七亲嘴，同大娘、五多亲嘴。

其次，数量资源与河船上的女人们相关。她们都是来做生意的，目的相似，为了讨生活不得已来到船上。但为了适应船上的生活慢慢染上了一些恶习恶德，这个数量资源属于中值范畴，说明河船上的女人们还没完全变质。

(579) 她们都是做生意而来的。
(580) 做了生意，慢慢的变成为城市里人，慢慢的与乡村离远，慢是的学会了一些只有城市里才需要的恶德，于是妇人就毁了。

与掌班大娘相关的数量资源一切说明她习惯了船上的丑事，不会有什么脸红的。这个数量资源属于高值范畴，量化说明了掌班大娘对船上丑事的麻木。

(581) 想不通，一个老鸨虽说一切丑事做成习惯，什么也不至于红脸，但被人说到不中吃时，是多少感到一种羞辱的，她悄悄的回到前舱，看前舱新事情不成样子，扁了扁瘪嘴，骂了一声猪狗，终归又转到后舱来了。

再次，数量资源与河船上女人们的丈夫相关。他们食不果腹，只有一点点的收成，一大半收入被迫上缴，无奈将妻子送上河船做生意。这样的丈夫有许多，数目庞大，都是贫穷所致。

(582) 地方实在太穷了，一点点收成照例要被上面的人拿去一大半，手足贴地的乡下人，任你如何勤省耐劳的干做，一年中四分之一时间，即或用红薯叶和糠灰拌和充饥，总还是不容易对付下去。

(583) 所以许多年青的丈夫，在娶媳妇以后，把她送出来，自己留在家中耕田种地，安分过日子，也竟是极其平常的事情。

(584) 这样丈夫在黄庄多着！

最后，数量资源与老七丈夫相关。他接过老七的一枝哈德门香烟时第二次感到惊讶，说明他在船上缺乏安全感。他和水保交谈后，内心滋生了一些愤怒情绪，甚至将所有的木柴扔到河里，说明他不高兴水保提出的要求。他眼见一切糟糕的事情之后，决定回家，说明他的愤怒情绪达到了高峰。此处多个数量资源都属于高值范畴，旨在描写老七丈夫的情感，量化其负面情绪。

(585) 第二次惊讶，是烟管忽然被女人夺去，即刻在那粗而厚的手掌里，塞了一枝"哈德门"香烟的缘故。

(586) 胡想使他心上增加了愤怒，饥饿重复揪着了这愤怒的心，便有一些原始人不缺少的情绪，在这个年青简单的人情绪中滋长不已。

(587) 有了脾气，再来烧火，自然更不行了，于是把所有的柴全丢到河里去了。

(588) 眼看这一切，新的愤怒使年青人感到羞辱，他想不必等待人回船就走路。

总体来看，与醉鬼等人相关的数量资源直接体现了他们不当的行为举止，暗示了深层次的评价范畴。而河船上的女人们和老七丈夫的数量资源则相对复杂一些，不仅量化了众多人物缺乏满意度或安全感，而且体现了深层次的评价范畴，将数量资源与众多人物的情感意义联系在一起。

6.1.5 小结

数量资源可以量化语篇中具有显著特征的评价资源，突出级差意义，有助于体现作者的评价动机或突出语篇主题。上述语篇中数量资源的使用方式主要有两种。一是通过对比与被评价者相关的评价资源来体现评价动机，被评价者可以是人物也可以是事物。例如，语篇《包身工》通过数量资源对比包身工生活环境的恶劣和管理者丰厚的收入，说明包身工制度的问题。语篇《春蚕》通过数量资源对比老通宝养蚕的巨额开支和卖蚕的微薄收入，说明农村经济生态遭到资本主义破坏。语篇《为奴隶的母亲》通过数量资源对比典妻得体的行为规范和秀才大妻子负面的言行举止，说明荒诞交易下小说人物的言行是否符合道德规范。二是通过整合与多个被评价者相关的评价资源来体现评价动机。例如，语篇《丈夫》中醉鬼等人的丑态、河船女人们的恶习、老七丈夫的愤怒等评价资源在数量资源的量化下突出了船妓现象对于众人的负面影响。

6.2 强度资源及其评价动机

6.2.1 工作环境与管理方式的负面强化

语篇《包身工》的强度资源以包身工和管理者为着眼点，围绕他们双方进行评价，从两个方面来调节级差意义的强弱功能：一是对于包身工的评价，二是对于管理者的评价。

语言评价 与 文学主题

首先，强度资源被用来辅助评价包身工的行为举止是否恰当。这里多次出现的很字说明了包身工的行为并不恰当，强化了与包身工相关的负面评价。

(589) 跟着这种有威势的喊声，充满了汗臭、粪臭和湿气的空气里，很快地就象被搅动了的蜂窝一般骚动起来。

(590) 打呵欠，叹气，叫喊，找衣服，穿错了别人的鞋子，胡乱地踏在别人身上，在离开别人头部不到一尺的马桶上很响地小便。

(591) 蓬头，赤脚，一边扣着钮扣，几个还没睡醒的"懒虫"从楼上冲下来了。

(592) 女性所有的那种害羞的感觉，在这些被叫做"猪猡"的人们中间似乎已经很迟钝了。

(593) 她十五六岁，除了老板之外，大概很少有人知道她的姓名。

(594) 手脚瘦得像芦柴棒一样，于是大家就拿"芦柴棒"当了她的名字。

作者对包身工的评价说明包身工没有女孩该有的矜持，完全是令人不悦的人物形象。作者也通过赤脚、像芦柴棒一样等强度资源提升了级差意义，进一步说明了为什么这些女工们表面上行为举止不恰当。

作为纺织女工，包身工过着猪一般的生活，泥土一般地被践踏。她们的身体构造特异，手脚瘦若芦柴棒、身体弯如弓、面色惨如死人。这些强度资源提升了包身工身体构造的级差意义，从而突出她们在身体虚弱的状态下还要继续工作的悲惨遭遇，说明她们是受苦可怜的人。

(595) 两粥一饭，十二小时工作，劳动强化，工房和老板家庭的义务服役，猪一般的生活，泥土一般地被践踏，——血肉造成的"机器"，终究和钢铁造成的不同。

(596) 工作，工作，衰弱到不能走路还是工作，手脚像芦柴棒一般的瘦，身体像弓一般的弯，面色像死人一般的惨，咳着，喘着，淌着冷汗,还是被压迫着做工。

(597) 长得结实的往往会像折断一根麻梗一样很快的死亡,而像"芦柴棒"一般的包身工,每一分钟都有死的可能,可是她们还在那儿支撑。

其次,强度资源被用来辅助评价管理者的管理方式是否符合道德规范。管理者提供给包身工的食物特别差,浆糊一般的薄粥、很少的碎米等强度资源强化了这些食物质量差的事实,提升了级差意义。这说明管理者为了节约成本克扣包身工的食物,导致包身工都吃不饱,每个人都骨瘦如柴。

(598) 十几只碗,一把竹筷,胡乱地放在桌上,轮值烧稀饭的就将一洋铅桶浆糊一般的薄粥放在板桌中央。

(599) 所谓粥,是用乡下人用来喂猪的豆腐渣加上很少的碎米、锅巴等煮成的。

(600) 有几个"慈祥"的老板到菜场去收集一些菜叶,用盐一浸,这就是她们难得的佳肴。

(601) 添粥的机会,除了特殊的日子,比如老板、老板娘的生日,或者发工钱的日子之外,通常是很难有的。

管理者对包身工的管理方式还集中反映为毒打和毒骂等言行,强度资源的作用在于强化管理者的言行是否违反道德规范。

(602) 她们每天的工资就是老板的利润,所以即使在她们生病的时候,老板也会很可靠地替厂家服务,用拳头、棍棒或者冷水来强制她们去做工。

(603) 干这种职务的人,大半是带工的亲戚,或者是地方上有一点势力的流氓,所以在这种地方,他们差不多有生杀予夺的权力。

(604) 打死不要紧,在这种情形之下,包身工当然是"人人得而欺之"了。

(605) 有一次，一个叫做小福子的包身工整好了烂纱没有装起，就遭了"拿摩温"的殴打，恰恰运气坏，一个"东洋婆"（日本女人）走过来了，"拿摩温"为着要在主子面前显出他的威风，和对东洋婆表示他管督的严厉，打得比平常格外着力。

管理者对包身工的管理毫无人性可言，最常见的管理方式就是毒打和毒骂，如格外着力地殴打包身工，打死不要紧，甚至有生杀予夺的权力。这些强度资源都属于明显的高值范畴，提升了级差意义，突出了管理者没有人性、缺乏道德的管理方式。这也是作者的评价动机。

6.2.2 人物情感欲抑先扬的负面强化

语篇《春蚕》的强度资源以老通宝为着眼点，着力评价与老通宝相关的态度和介入意义。这些资源涉及强弱变化，为深层次的评价动机提供了客观的支撑。

语篇一开始，老通宝脊背上热烘烘地，像背着一盆火。这种强度资源在提升了态度意义的同时，暗示着老通宝缺乏愉悦感，所背负的家庭重担像一盆火般沉重，为后文的悲惨结局埋下了伏笔。

(606) "清明"节后的太阳已经很有力量，老通宝背脊上热烘烘地，像背着一盆火。

老通宝的情感是否愉悦，是否满意？从被穷苦弄麻木了的、强大等强度资源可以看出，他的心里有喜有忧，穷苦导致他缺乏愉悦感，但春蚕丰收的希望使他内心一天一天强大起来。

(607) 他觉得这是一个好兆头。他把手放在小宝的"和尚头"上摩着，他的被穷苦弄麻木了的老心里勃然又生出新的希望来了。

(608) "希望"在老通宝和一般农民们的心里一点一点一天一天强大。

第6章 级差意义与评价主旨

和老通宝一样,全村人唯一的指望就是春蚕丰收。十分等强度资源属于高值范畴,被用来强化全村人希望与恐惧并存的状态,也就是评价他们积极愉悦的心情以及安全感欠缺的心理。两种情感同时存在于蚕农的心中,春蚕饲养对于他们来说是十分重要的,甚至是一场大搏战。

(609) 现在他们唯一的指望就是春蚕,一切临时借贷都是指明在这"春蚕收成"中偿还。

(610) 他们都怀着十分希望又十分恐惧的心情来准备这春蚕的大搏战!

春蚕饲养需要大量的桑叶,听说桑叶价格贵,使得老通宝非常着急,他的心情如同在针尖上一样。听说荷花进了自家蚕房,老通宝气得直跺脚。听说茧厂关门,没有茧厂收购春蚕茧子,他心里有点放心不下。这些强度资源提升了级差意义,都表明老通宝不满现状,流露出负面的情绪。

(611) 老通宝偏偏听得了,心里急得什么似的。四块钱一担,三十担可要一百二十块呢,他哪来这许多钱!

(612) 老通宝气得直跺脚,马上叫了阿多来查问。

(613) 然而老通宝到底有点不放心。

老通宝家上好的蚕茧,也没有卖到好的价钱。一边是非常苛刻的蚕茧厂,另一边是全村人上好的货色,形成了鲜明的对比,说明蚕农辛苦忙了一个月依然无法获得该有的报酬。

(614) 原来那三十多九水路远的茧厂挑剔得非常苛刻:洋种茧一担只值三十五元,土种茧一担二十元,薄茧不要。

(615) 老通宝他们的茧子虽然是上好的货色,却也被茧厂里挑剩了那么一筐,不肯收买。

春蚕无法卖出,蚕农的生活更加困难,老通宝的生活愈加困难。这些强度资源属于中值范畴,并没有夸大蚕农的困难,可以为作者的评价留有一定的空间,使读者更容易接受。

(616) 人们做梦也不会想到今年"蚕花"好了,他们的日子却比往年更加困难。

(617) 并且愈是像老通宝他们家似的,蚕愈养得多,愈好,就愈加困难,——"真正世界变了!"

总体来看,上述强度资源与老通宝的满意度或愉悦感相关,表面上强化了老通宝的情感变化,但并不能揭示作者的评价动机或深层次的评价范畴。但是,结合老通宝等人的情感资源以及蚕农所面临的艰难局面来看,导致蚕农生活越来越困难的真相隐藏在整个事件背后,即半殖民地半封建社会对于农村经济活动的剥削和压迫。

6.2.3 人物言行的负面强化

语篇《为奴隶的母亲》的强度资源与多个人物相关,多点分布。

第一,强度资源与典妻的丈夫相关,他脾气暴躁,染上了很多不良习惯,还疏于管理自己的孩子。非常一词强化了他凶狠且脾气暴躁的描述,提升了级差意义。另外,从他对春宝病情的描述来看,春宝是瘦的异样,病得更厉害了。这说明他没有尽到父亲的责任,没有照顾好自己的孩子,是一个失职的父亲。这些词都提升了级差意义。

(618) 他大约就因为境况的不佳,烟也吸了,酒也喝了,钱也赌起来了。这样,竟使他变做一个非常凶狠而暴躁的男子,但也就更贫穷下去,连小小的移借,别人也不敢答应了。

(619) 从夏天来,春宝是瘦的异样了。

(620) 我又那里有钱给他请医生吃药,所以现在,病是更厉害了!

从上述例子可以看出,与典妻丈夫相关的强度资源被用来评价他的行为是否恰当，是否符合道德规范。这里的强度资源与判断意义联系紧密，具有了评价导向，例如典妻丈夫的强度资源在提升级差意义的同时，突出了他缺乏恰当行为的表现。

第二，强度资源也与典妻相关，旨在说明典妻缺乏安全感和满意度。典妻从始至终都缺乏安全感，她得知自己被出租后，坐在最黑暗处，思想漂在极远。为了避免与秀才亲密接触，她需要表现得非常自然，生怕秀才大妻子发怒。这里的强度资源都属于高值范畴，突出了典妻缺乏安全感。

（621）在她将离别底前一晚，她拣了房子底最黑暗处坐着。

（622）她底思想似乎浮漂在极远，可是她自己捉摸不定远在那里。

（623）即使她在旁边，有时也该让开一些，但这种动作，她要做的非常自然，而且不能让旁人看出，否则，她又要向她发怒，说是她有意要在旁人的前面暴露她大娘底丑恶。

无论是春宝还是秋宝，典妻都无法割舍。她怀抱秋宝时，幻想着将春宝抱入怀中，可身边是空空的，这一切只是幻想。她的丈夫告诉她春宝生病了，她询问春宝病情的语气是非常凄惨的，恨不得哭出来。这些强度资源也属于高值范畴，进一步强化了典妻的消极情感，反映出她的满意度极低。

（624）有时，她倦坐在房外的沿廊下，初夏的阳光，异常地能令人昏朦地起幻想，秋宝睡在她底怀里，含着她底乳，可是她觉得仿佛春宝同时也站在她底旁边，她伸出手去也想将春宝抱近来，她还要对他们兄弟两个说几句话，可是身边是空空的。

（625）妇人问，语气是非常凄惨的。

（626）她恨不得哭出来，但在人们个个向秋宝祝颂的日子，她又怎么好跟在人们底声音后面叫哭呢？

上述例子说明典妻的安全感和满意度都是负面的，这一切都是租妻典妻交易造成的。如果没有这样的交易，典妻不会离开春宝也不会掉下秋宝，不会面对这样悲惨的人生境遇。

在语篇结尾的地方，有几个强度资源与典妻的能力相关。典妻在回家的时候脚步那么无力，回家后沉默了许久许久。这些强度资源都属于中值范畴，提升了级差意义，说明典妻身体虚弱，缺少活下去的心劲。

(627) 当她走到一条河边的时候，她很想停止她底那么无力的脚步，向明澈可以照见她自己底身子的水底跳下去了。

(628) 妇人在灰暗的屋内坐了许久许久，她和她底丈夫都没有一句话。

第三，强度资源还与秀才的大妻子（老妇人）相关。一是典妻对她的评价，二是她对典妻的评价。老妇人容易生气，说话刻毒，一副生人勿近的样子。非常、尖利地、锐利的几个强度资源都属于高值范畴，提升了级差意义，说明老妇人不满意典妻的存在。她对待典妻的言行也因此总是消极负面的，并不恰当。

(629) 这些事，在老妇人眼睛里是看得非常气恼了。

(630) 老妇人也尖利地冷笑地说。

(631) 老妇人似乎还有许多刻毒的锐利的话，可是秀才走远开听不见了。

老妇人在评价典妻时也使用了一些强度资源，例如：这样的、娇滴滴的、这么的。这些资源都属于高值范畴，体现了老妇人对典妻的不满。这些强度资源虽然是针对典妻的评价，但是评价者是老妇人，说明老妇人在评价典妻时的言行举止违反了道德规范。

(632) 以前在她自己底家里，她不相信她有这样的娇养，恐怕竟和街头的母狗一样，肚子里有着一肚皮的小狗，临产了，还要到处地奔求着食物。

（633）现在呢，因为"老东西"——这是秀才的妻叫秀才的名字——趋奉了她，就装着娇滴滴的样子了。

（634）我也曾怀过十个月的孕，不相信有这么的难受。

（635）也等到真的"鸟儿"从洞里钻出来看见了，才可在我底面前显威风，摆架子，此刻，不过是一块血的猫头鹰，就这么的装腔，也显得太早一点！

无论是典妻丈夫的强度资源，还是秀才大妻子的强度资源，都指向了他们的言行举止是否恰当的问题，反映出作者的评价动机。虽然与典妻相关的强度资源没有指出她的言行举止是否恰当，但是从她的悲惨遭遇可以看出作者的评价动机，即租妻典妻的交易导致女性命运凄惨，如同商品一样被置换。这种交易本身并不符合道德规范，荼毒社会。从个人言行或者社会交易来看，强度资源都可以帮助突出作者对于个人言行或社会交易是否符合道德规范的评价动机。因此，强度资源的使用有助于突出作者的评价动机，并引起读者对于这些道德问题的思考与反思。

6.2.4 人物心境变化的负面强化

语篇《丈夫》的强度资源主要围绕老七丈夫（男子）的心理变化展开，具体而言，男子的强度资源以他的情感变化为主线，强化说明其情感由积极转变为消极的缘由。

男子情感的第一次转变发生在他看到妻子的打扮时。他的妻子打扮得像城里人，让他有些手足无措。这说明男子缺乏安全感，原因在于他自己对眼下妻子的反应与以往完全不一样了。强度资源完全、极大的属于高值范畴，提升了级差意义，表明男子看到妻子的打扮时感到十分惊讶。强度资源以及、有点属于低值范畴，并未明显提升级差意义。

（636）这时节，女人在丈夫眼下自然已完全不同了。

（637）大而油光的发髻，用小镊子扯成的细细眉毛，脸上的白粉同鲜红胭脂，以及那城市里人神气派头、城市里人的衣服，都一定使从乡下来的丈夫感到极大的惊讶，有点手足无措。

男子情感的第二次转变发生在他无法与妻子亲近时。他只能独自一人留在后舱，被寂寞侵袭，心理发生了变化。强度资源很、淡淡的分别属于高值和低值范畴，交替说明男子的愉悦感变化。

(638) 如今和妻接近，与家庭却离得很远，淡淡的寂寞袭上了身，他愿意转去了。

男子情感的第三次转变发生在他碰到水保时。在作者看来，水保的权力比皇帝、总统还要集中。在男子看来，水保好像一个省长的身份，但神气极其讨厌，并且说话那么不客气，当面要求妻子晚上陪夜。这些都说明水保的言谈举止并不恰当，也是诱发男子情感变化的主要原因。

(639) 一个河里都由他管事。他的权力在这些小船上，比一个中国的皇帝、总统在地面上的权力还统一集中。

(640) 他记起那伟人点头同发言，一个督抚的派头，一个省长的身份——这是老七的财神！

(641) 一个用酒糟同红血所捏成的橘皮红色四方脸，也是极其讨厌的神气，保留在印象上。

(642) 该死的话，是那么不客气的从那吃红薯的大口里说出！

正是由于水保不恰当的言行举止惹怒了男子，他的心中滋生了愤怒的情绪。从下面的例子可知，属于高值范畴的强度资源原始人不缺少的情绪，充分说明男子的满意度极低。

(643) 胡想使他心上增加了愤怒，饥饿重复揪着了这愤怒的心，便有一些原始人不缺少的情绪，在这个年青简单的人情绪中滋长不已。

男子情感的第四次转变发生在他遇到巡官、醉鬼和嫖客等人时。巡查上船时声音洪大，男子吓得不能说话，以为有什么严重事情发生，醉鬼和嫖客喝得烂醉，像含胡桃那么嚷叫。尽管强度资源表面上与巡官等人相关，但实际上是他们的不当言行让男子感到不安，缺乏内心的安全感。

（644）男子被大娘摇醒揪出来，看到水保，看到一个穿黑制服的大人物，吓得不能说话，不晓得有什么严重事情发生。

（645）那洪大而含胡的声音，那势派，都使这做丈夫的想起了村长同乡绅那些大人物的威风。

（646）可是不多久，有兵士从河街过身，喝得烂醉，听到这声音了。

（647）两个醉鬼跟跟跄跄到了船边，两手全是污泥，手板船沿，像含胡桃那么混混胡胡的嚷叫："什么人唱，报上名来！"

男子情感转变的原因与多个事件相关，例如其妻子老七时尚的打扮、水保不当的言谈、巡官等人不当的言行。这些让男子的心理发生了变化，使他失去了愉悦感、满意感和安全感。从这里可以看出，强度资源与男子的情感有着密不可分的关系。强度资源强化了男子的负面情感，进一步说明了男子为什么决定离开的原因。男子离开时，沉沉默默的一句话不说，离开了河船。

（648）男子一早起身就要走路，沉沉默默的一句话不说，端整了自己的草鞋，找到了自己的烟袋。

作者直接指出了水保、巡官、醉鬼和嫖客等人的不当言行，描述了男子情感由积极到消极的转变，并且通过强度资源提升了男子负面情感的级差意义，从而引出深层的评价范畴并凸显了语篇的评价动机。

6.2.5 小结

强度资源可以强化级差意义，作者使用这些资源最大限度地表明自己的立场或态度。从上述语篇来看，强度资源的使用和分布是作者有意选择的结果。

一方面，与主要人物角色相关的强度资源形成鲜明对比，服务于作者的评价动机。例如，语篇《包身工》的强度资源主要与包身工和管理者相关，强调了包身工身体虚弱、工作卖力、生活条件恶劣等事实，突出了管理者的残暴和无情，以及他们虐待包身工的事实。语篇《为奴隶的母亲》的强度资源主要与三个人物角色相关，强化了典妻的消极情感，强调了典妻丈夫和秀才大妻子的不当言行，从而塑造了不同的人物形象，有利于突出评价动机。

另一方面，强度资源很可能集中于某个人物角色或者分散于多个人物角色，以事件的发展为主线，服务于作者的评价动机。例如，语篇《春蚕》的强度资源主要与老通宝相关，强化了他在春蚕丰收前后的情感变化，突出了老通宝等人不满丰收欠债的结局。语篇《丈夫》的强度资源主要与老七丈夫、水保和醉鬼等人相关，强调了水保和醉鬼等人的不当言行，强化了老七丈夫的情感变化，旨在说明他的情感发生转变的原因。这些强度资源间接地表明了作者的立场，最大限度地把读者带入该立场。

6.3 聚焦资源及其评价动机

6.3.1 人物形象的聚焦

语篇《包身工》的聚焦资源有24个，都具有明晰化倾向，其中与包身工相关的有13个，旨在构建中心的或边缘的人物形象。

聚焦资源左右和数量资源两千、两千个共同说明包身工人数众多。她们衣服破烂，专为他人制造纱布，确切的人数却不为人所知。左右一词弱化了包身工的实际数量，其作用在于弱化包身工个体的重要性。所谓一词弱化了包身工的饮食条件，揭示了她们的饭菜质量特别差的事实，进一步揭露了资本家克扣包身工伙食的行为。

（649）所以，除了"带工"老板、老板娘、他们的家族亲戚和穿拷绸衣服的同一职务的打杂、"请愿警"等之外，这工房区域的墙圈里面，住着二千个左右衣服破烂而专替别人制造纱布的"猪猡"。

（650）福临路工房的二千左右包身工，属于五十个以上的带工所管。

（651）所谓粥，是用乡下人用来喂猪的豆腐渣加上很少的碎米、锅巴等煮成的。

相比弱化现象而言，语篇中还存在锐化现象。游说的带工为了赚取更多的钱，亲身游说那些没有能力的父母，特别是水灾和旱灾的时候，哄骗他们把孩子送进纺织厂享福。而实际上这些孩子成为包身工之后，被迫拼命工作，否则遭到监工的殴打，持续长达两个小时。

（652）每年——特别是水灾、旱灾的时候，这些在日本厂里有门路的带工，就亲身或者派人到他们的家乡或者灾荒区域，用他们多年熟练了的、可以将一根稻草讲成金条的嘴巴，去游说那些无力"饲养"可又不忍让他们的儿女饿死的同乡。

这些聚焦资源锐化了一部分管理者的贪婪和恶毒，表明了作者对他们趁火打劫和悖理行事的厌恶之情，作者尽可能地使读者远离这群管理者。

无论是弱化包身工数量的精确程度及其饮食条件的恶劣程度，还是锐化管理者等人的不当行为，作者使用聚焦资源旨在最大化自己的价值立场，并结盟读者，使读者保持一致的观点，共同反对包身工制度。

6.3.2　前后对比的聚焦

语篇《春蚕》的聚焦资源有 75 个，多数与老通宝本人或春蚕饲养的事件相关。作者通过老通宝的叙述，采用一些聚焦资源来揭示老通宝及其父亲的人物性格。例如，老通宝亲眼看见他父亲勤俭和忠厚的品质，而他自己也是规矩人。这些聚焦资源被用来拉近读者与小说人物的关系。

（653）老通宝虽然不很记得祖父是怎样"做人"，但父亲的勤俭忠厚，他是亲眼看见的。

语言评价与文学主题

(654) 他自己也是规矩人，他的儿子阿四，儿媳四大娘，都是勤俭的。

聚焦资源自己一词在语篇中多次出现，被用来锐化事物之间的对比。老通宝自己家因欠债把杂粮当饭吃，自己田里的东西不值钱，而洋货却越来越贵。这种对比不是随意的，与后文出现的"洋茧好卖，土茧卖不出去"的事实相呼应，导致老通宝几乎气成病。几乎一词弱化了老通宝生气成病的可能，使读者更容易接受。

(655) 他自己家也要常常把杂粮当饭吃一天，而且又欠出了三百多块钱的债。

(656) 并且他自己也明明看到自从镇上有了洋纱，洋布，洋油，——这一类洋货，而且河里更有了小火轮船以后，他自己田里生出来的东西就一天一天不值钱，而镇上的东西却一天一天贵起来。

(657) 然而更使老通宝去年几乎气成病的，是茧子也是洋种的卖得好价钱。

语篇中也有一些聚焦资源与春蚕相关，说明春蚕的情况。例如，雪白一词锐化了春蚕品质绝佳的事实，说明了春蚕丰收就在眼前，蚕农心里乐开了花。

(658) 那是一片雪白，几乎连"缀头"都瞧不见。

(659) 老通宝心里也着慌了，但是回家去看见了那些雪白发光很厚实硬古古的茧子，他又忍不住嘻开了嘴。

老通宝及全村人都花了一个月的光景，没有休息，辛苦养蚕，然而结果却是收入微薄，期望落空。聚焦资源整整的属于锐化现象，突出蚕农收入微薄。真正、简直等也属于锐化现象，说明老通宝的观点：他认为世界变了，即便努力养蚕也没有回报，如同充军一样白辛苦。

(660) 那好比是誓师典礼，以后就要开始了一个月光景的和恶劣的天气和恶运以及和不知什么的连日连夜无休息的大决战！

(661) 老通宝他们实卖得一百十一块钱，除去路上盘川，就剩了整整的一百元，不够偿还买青叶所借的债！

(662) 并且愈是像老通宝他们家似的，蚕愈养得多，愈好，就愈加困难，——"真正世界变了！"

(663) 简直是充军！

上述聚焦资源的弱化现象并不明显，旨在拉近读者与蚕农的距离，而锐化现象相对比较明显，一方面旨在突出老通宝等人的辛劳和春蚕丰收的情况，另一方面旨在突出蚕茧贱卖的事实。通过两方面的对比，读者不难发现蚕农丰收欠债的根本原因。

6.3.3 高频词的聚焦

语篇《为奴隶的母亲》的聚焦级差资源有 75 个，主要与典妻、春宝和秀才大妻子相关。典妻的聚焦资源有 24 个，出现频率最高的是简直一词。这个聚焦资源说明典妻的几种负面状况，例如，简直连腹脏都颤抖。无论是典妻被出租后，还是她的孩子生病时，聚焦资源都具体清晰地锐化了她的消极情感，具有明晰化的倾向，说明作者将她的负面情感最大化。这样可以令读者更加同情典妻的悲惨境遇，与作者结盟在一起，共同谴责这种典妻交易的行为。

(664) 他底妻简直痴似的，话一句没有。

(665) 这时，他底妻简直连脐脏都颤抖，吞吐着问……

(666) 这时妇人底胸膛内，简直似有四五只猫在抓她，咬她，咀嚼着她底心脏一样。

(667) 女人简直连泪也没有地呆着了。

聚焦资源简直也与春宝相关，锐化了春宝缺乏安全感的事实。典妻过了三年后回家时，她的春宝竟然不认识自己的母亲，害怕地躲进屋里。这种典妻交易毒害的不只是典妻本人的心灵，而且也毒害了离开母亲的春宝，从他躲开母亲的举止可以看出，母亲对他而言是个陌生人。

(668) 春宝也是跟在轿后的孩子们中底一个，他还在似赶猪那么地哗着轿走，可是当轿子一转一个弯，却是向他底家里去的路，他却伸直了两手而奇怪了，等到轿子到了他家里的门口，他简直呆似地远远地站在前面，背靠在一株柱子上，面向着轿，其余的孩子们胆怯地围在轿的两边。

(669) 一群孩子们，个个无意地吃了一惊，而春宝简直吓的躲进屋里他父亲那里去了。

聚焦资源简直还与秀才的大妻子相关，旨在评价她的言行举止，说明她的言行违背了道德规范。从秀才大妻子无视秀才和监视典妻的行为来看，从秀才未曾打过她的情况来看，她趁此机会蛮横跋扈且尖酸刻薄，这与典妻的勤劳和忍让形成鲜明对比。简直一词锐化了她的不当行为，体现出她的负面形象，令读者望而生厌。

(670) 而那位老妇人，却简直没有顾到他底说话，也向她问……

(671) 还是早些脱离罢，她简直探子一样地监视着我了。

(672) 结婚了三十年，没有打过她一掌，简直连指甲都没有弹到她底皮肤上过，所以今日，竟和娘娘一般地难惹了。

综合而言，聚焦资源简直锐化了典妻和春宝的负面情感，揭示了这种典妻交易对两人造成的精神伤害，同时还锐化了秀才大妻子的不当言行举止。作者并未直接抨击这种交易，而是从人物情感或言行的评价出发，在聚焦资源的锐化作用下，揭露了这种交易对人造成的伤害。

6.3.4 小结

聚焦资源依然服务于评价动机，具有明晰化倾向。首先，聚焦资源的使用可能倾向于人物形象的对比，例如语篇《包身工》采用聚焦资源弱化了包身工的生活质量，又锐化了管理者的不当行为，目的在于塑造两类人群，形成鲜明对比。其次，聚焦资源的使用也可能倾向于事件过程的前后对比，例如语篇《春蚕》采用聚焦资源锐化了蚕农的可靠和勤劳以及春蚕丰收的情景，还锐化了蚕农的微薄收入，形成强烈对比，突出丰收欠债的经济问题。最后，聚焦资源的使用也可能倾向于高频词的前景化，例如语篇《为奴隶的母亲》通过聚焦资源的某个高频词锐化了小说人物的负面情感和言行，揭示典妻交易对人的精神伤害。

由此可以看出，作者使用聚焦资源最大限度地表明自己的立场或态度，通过人物形象或事件过程的对比，或者通过高频词的前景化，突出语篇的评价动机，与读者结盟，共同揭露甚至抨击某个不当的社会现象。

第7章

结　语

第7章 结 语

本书是一种新的尝试，旨在揭示语篇中 26 个评价范畴下的评价资源如何与语篇主题联系在一起，为文学语篇的主题研究开辟新路径。但是，本书所选的语篇是否采用相同的模式表达文学主题，是否具有相同的评价动机，还需进一步阐释与归纳。

语篇《包身工》的评价对象主要分为两类人群：一类以包身工为主，涵盖与其相关的人物或事件等；另一类以管理者为主，囊括所有从包身工身上获取利益的人物及其言行。具体而言，对于包身工，评价资源主要反映了她们的能力和生存条件，以收缩对话空间的方式陈述了她们的生存条件和悲惨境遇，同时弱化了她们的存在感和生活质量，旨在说明她们是一个积极可靠的群体，但她们的生存环境异常糟糕。相反，对于管理者，评价资源主要反映了管理者虐待包身工，克扣她们的饮食，以扩展对话空间的方式揭露了管理者虐待包身工的事实，锐化了管理者极力压榨包身工价值的行径，旨在说明这群管理者的行为缺少道德规范。

由此可见，作者通过对比两类人群的情感、品质、行为和价值等内容，有意地塑造了两类人群的形象；然后通过前景化模式和评价资源的组合模式，突出了评价主旨，如抨击管理者虐待包身工的行径。

语篇《春蚕》的评价对象以老通宝为主，以其他人物或事物为辅。随着语篇的展开，老通宝等人的评价资源绝大多数反映了他们向往春蚕丰收和崇尚祭拜仪式的态度，以及竭力饲养春蚕的决心，也说明了他们为了养好春蚕具备吃苦耐劳的精神，但有一些评价资源却描述了蚕茧滞销时众人的绝望心情，形成先扬后抑的鲜明对比。此外，作者以收缩对话空间的方式陈述了老通宝等人养蚕欠债的事实，锐化了他们的艰苦生活、压抑情感和悲惨结局，还以扩展对话空间的方式揭示了蚕农丰收欠债的根本原因，旨在说明农村经济失衡的真相。

显而易见，作者重点评价了老通宝等人在饲养春蚕时的态度和能力，以及春蚕丰收反而滞销的事件，通过前景化模式突出了老通宝等人养蚕欠债的惨局和负面情感，赋予了语篇更深层次的社会意义。

语篇《为奴隶的母亲》的评价对象以典妻为主，以其他人物或事物为辅。典妻的评价资源主要集中在她的情感是否满意、是否愉悦，她的言行举止是否符合道德规范，而其他人是否正常，他们的言行举止是否符合道德规范。作者以收缩对话空间的方式评价了秀才大妻子和典妻丈夫不当的言行举止，锐化了他们缺少道德约束的不当言行，同时以扩展对话空间的方式陈述了典妻缺少安全感、缺乏喜悦，锐化了她的负面情绪和悲惨境遇，将典妻塑造为受害者形象。

不言而喻，作者重点评价了典妻的情感和秀才大妻子等人的言行，塑造了典妻的苦难形象和他人的刻薄形象。作者在前景化模式的辅助下有意地安排评价资源的分布，通过评价资源的组合模式，最大限度地突出了典妻交易给女性造成的巨大伤害。

语篇《丈夫》的评价对象以老七丈夫（男子）为中心，以其他人物或事物为辅。男子的评价资源主要说明他的情绪变化，从盼望与妻子接近的愉悦心情到厌恶船上的人和事，而水保等人的评价资源主要说明他们的言行是否符合道德规范。作者将水保等人的不当言行与男子的情绪变化联系在一起，以收缩对话空间的方式陈述了男子的情绪变化，同时以扩展对话空间的方式说明男子对水保等人的负面评价，并强化了水保等人的不当言行，旨在说明水保等人的不当言行是男子情绪从积极转变为消极的原因。

因此可知，作者以男子的心理变化为主线，在前景化模式的作用下最大限度地突出了局部的评价主旨，如水保等人的不当言行导致男子的情绪发生重大改变。同时，作者通过评价资源的组合模式强化了河船生意对不同人群的影响。

综合以上讨论，语言评价与文学主题的研究可以概括为以下几点。

第一，语言评价与文学主题的创新路径。文学作者以评价对象为中心，以情感、判断和鉴赏为标准评价人物的情感或事物的价值等内容，通过收缩或扩展的方式表达自己的观点，并从数量、强度和聚焦三个方面调节评价意义的强弱，从而有选择地安排评价资源的分布，表明自己的评价动机，并最终突出文学主题，提升文学价值。这种研究路径不依赖于经验判断或主观印象，而是基于客观的分析，从微观层面出发探讨宏观的文学主题。

第二，文学语篇主题的体现模式。一方面，前景化模式突出了评价对

第7章 结 语

象的情感、言行和处所环境等内容，有利于不同人物的形象塑造。另一方面，语言资源的组合模式突出了作者的评价动机或语篇主题。作者在收缩或扩展对话空间的情况下，量化或强化评价对象的情感和言行等内容，与读者结盟，疏远批判对象。例如，语篇《包身工》抨击了无情的管理者，语篇《春蚕》揭示了半殖民地半封建社会对农村经济的剥削，语篇《为奴隶的母亲》揭露了典妻交易对女性的摧残，语篇《丈夫》揭露了船妓生意对人性的扭曲。作者运用评价资源突出上述主题，同时还可以与读者结盟，远离某类人群或痛斥某种社会现象。

第三，占主导地位的评价主旨或评价动机。一般而言，局部的评价主旨服务于整体的评价主旨，多个局部的评价主旨构成一个整体的评价主旨。但是，整体的评价主旨在文学语篇中一般是深层次的主题，不会直接呈现在读者面前。这就意味着，在多个局部的评价主旨中，总有一个占据主导地位，统辖或支配着其他评价主旨，例如，语篇《包身工》中两类人群的形象对比，语篇《春蚕》中老通宝等人在春蚕丰收前后的情感对比，语篇《为奴隶的母亲》中典妻的苦难形象和他人的刻薄形象的对比，语篇《丈夫》中老七丈夫在经历了一系列事件之后的心理转变。这些局部的评价主旨都统辖着评价资源在各个语篇内的分布情况，其他的评价主旨则依附于这些占主导地位的评价主旨。例如，语篇《包身工》中作者在控诉无情的管理者之时，其反对之声旨在与读者结盟，这些评价主旨只有依附于两类人群的形象对比时才得以实现。

第四，文学主题的传统研究路径和语言的评价路径可以相互借鉴。无论是传统路径的分类法、比较法和归纳法，还是评价路径的前景化模式和语言组合模式，都是探索文学语篇的主题特征或共性，它们并没有本质上的优劣之分。评价路径虽然无法避免繁复的分析工作，但是其立足于语篇本身的分析可以避免"摘樱桃"式的举例阐释，弥补传统路径仅在佐证时才引用文本的方法上的不足。

本书旨在为文学主题的研究建立一种新的研究路径，以评价理论和功能分析理论为基础，从前景化模式和语言组合模式入手，探索语言符号系统和语言艺术符号系统之间的互动，从而揭示语言资源的选择和文学主题的表达如何相互联系。

本书的不足之处在于文学语篇数量较少，语料的分析和归纳耗时较长。此外，如果读者不了解语言评价理论，则难以即时应用于文学语篇的分析与解读。因此，我们呼吁文学研究者进一步了解评价理论和功能分析理论，并在此基础上推广语言评价研究在文学语篇的解读与创作中的应用。

参考文献

ÄDEL A, 2006. *Metadiscourse in L1 and L2 English* [M]. Amsterdam: John Benjamins.

BAKHTIN M M, 1981. *The Dialogic Imagination: Four Essays* [M]. Austin: University of Texas Press.

BEDNAREK M, 2008. *Emotional Talk Across Corpora* [M]. London: Palgrave Macmillan.

BROOKS C, WARREN R P, 2004. *Understanding Poetry* [M]. 4th edition. Beijing: Foreign Language Teaching and Research Press.

COFFIN C, 1997. Constructing and giving value to the past: An investigation into second school history [C] // CHRISTIE F, MARTIN J R, eds. *Genre and Institutions: Social Processes in the Workplace and School*. London: Cassell: 196−230.

COFFIN C, 2003. Reconstruals of the past-settlement or invasion? The role of JUDGEMENT analysis [C] // MARTIN J R, Wodak R, eds. *Re/reading the Past: Critical and Functional Perspectives on Discourses of History*. Amsterdam: John Benjamins: 219−246.

CRISMORE A, MARKKANEN R, STEFFENSEN M S, 1993. Metadiscourse in persuasive writing: A study of texts written by American and Finnish university students [J]. *Written Communication*, (10): 39−71.

HALLIDAY M A K, 1973. *Explorations in the Functions of Language* [M]. London: Edward Arnold.

HASAN R, 1989. *Linguistics, Language, and Verbal Art* [M]. 2nd edition. London: Oxford University Press.

HOOD S, 2010. *Appraising Research: Evaluation in Academic Writing* [M]. London: Palgrave Macmillan.

HU Z, JIANG W, 2002. *Linguistics: An Advanced Course Book* [M]. Beijing: Peking University Press.

HUNSTON S, SINCLAIR J, 2000. A local grammar of evaluation [C] // HUNSTON S, THOMPSON G. *Evaluation in Text: Authorial Stance and the Construction of Discourse*. Oxford: Oxford University Press: 74-101.

HUNSTON S, THOMPSON G, 2000. *Evaluation in Text: Authorial Stance and the Construction of Discourse* [C]. Oxford: Oxford University Press.

HYLAND K. 2005. *Metadiscourse* [M]. London: Continuum.

HYLAND K, JIANG F, 2022. Metadiscourse choices in EAP: An intra-journal study of JEAP [J]. *Journal of English for Academic Purposes*, 60: 1-12.

KRISTEVA J, 1980. *Desire in Language: A Semiotic Approach to Literature and Art* [M]. ROUDIEZ L S, trans. New York: Columbia University Press.

MARTIN J R, ROSE D, 2007. *Working with Discourse: Meaning beyond the Clause* [M]. 2nd edition. London: Continuum.

MARTIN J R, WHITE P, 2005. *The Language of Evaluation: Appraisal in English* [M]. London: Continuum.

MIAO X, 2018. *Linguistics: An Elementary Course Book* [M]. 2nd edition. Beijing: Peking University Press.

MUKAROVSKY J, 1964. Standard language and poetic language [C] // GARVIN P L, *A Prague School Reader on Esthetics, Literary Structure, and Style*. Washington D. C.: Georgetown University Press: 17-30.

SU H, ZHANG Y, CHAU M H, 2022. Exemplification in Chinese English-major MA students' and expert writers' academic writing: A local grammar based investigation [J]. *Journal of English for Academic Purposes*, 58: 1−12.

SU H, ZHANG Y, LU X, 2021. Applying local grammars to the diachronic investigation of discourse acts in academic writing: The case of exemplification in Linguistics research articles [J]. *English for Specific Purposes*, 63: 120−133.

VOLOŠINOV VN, 1973. *Marxism and the Philosophy of Language* [M]. MATEJKA L, TITUNIK I R, trans. New York: Seminar Press.

陈新仁，2020. 基于元语用的元话语分类新拟 [J]. 外语与外语教学（4）：1−10.

程爱民，2003. 论美国华裔文学的发展阶段和主题内容 [J]. 外国语（6）：46−54.

黄荷，2021. 乔伊斯《一起惨案》的及物性与叙事操控 [J]. 外语教学（3）：47−51.

姜望琪，2009. 语篇语义学与评价系统 [J]. 外语教学（2）：1−5.

蓝棣之，1990. 解读《为奴隶的母亲》并兼与《生人妻》比较 [J]. 中国现代文学研究丛刊（1）：81−88.

李朝全，2020. 脱贫攻坚主题文学：国家大事的时代表达 [J]. 中国文艺评论（9）：20−30.

李新宇，1999. 中国现代文学主题的三重变奏 [J]. 学术月刊（10）：54−63.

刘忠，2006. 20 世纪中国文学主题研究 [M]. 北京：社会科学文献出版社.

吕超，2011. 论比较文学主题学的研究范畴 [J]. 湖南人文科技学院学报（5）：47−50.

彭宣维，2010. 汉语的介入与级差现象 [J]. 当代外语研究（10）：55−62.

彭宣维，2014. 从前景化评价成分看文学文本背后的多层次评价主旨 [J]. 中国外语（4）：25-32.

彭宣维，2015. 评价文体学 [M]. 北京：北京大学出版社.

彭宣维，等. 2015. 汉英评价意义分析手册——评价语料库的语料处理原则与研制方案 [M]. 北京：北京大学出版社.

冉志晗，冉永平，2015. 语篇分析视域下的元话语研究：问题与突破 [J]. 外语与外语教学（2）：38-44.

苏杭，卫乃兴，2017. 评价语言的局部语法研究 [J]. 中国外语（3）：28-35.

苏杭，卫乃兴，2020. 语料库语言学视域下的局部语法研究：概述与展望 [J]. 外语电化教学（4）：40-45.

王德华，2006. 东晋文学的主题变迁与地域分布 [J]. 浙江大学学报（人文社会科学版）(1)：110-116.

王立，1990. 中国古代文学十大主题——原型与流变 [M]. 沈阳：辽宁教育出版社.

王立，1996. 中西复仇文学主题比较 [J]. 外国文学研究（3）：103-109.

王立，2000. 中西方复仇文学主题褒贬倾向比较 [J]. 西南民族学院学报（哲学社会科学版）(1)：73-76.

王一川，2011. 文学批评新编 [M]. 北京：北京师范大学出版社.

王振华，吴启竞，2020. 元话语和评价系统在人际意义研究上的互补 [J]. 当代修辞学（3）：51-60.

王宗虎，2010. 俄罗斯表现主义文学的主题特点 [J]. 解放军外国语学院学报（1）：94-99.

吴显友，2002. 前景化与文体分析 [J]. 四川外语学院学报（2）：89-91.

辛潮，1989. 美国梦的失落与追寻——20世纪美国文学的主题变奏 [J]. 辽宁师范大学学报（社会科学版）（3）：36-42.

吁思敏，2021. 国际元话语研究60年文献计量分析（1959—2019）[J]. 外语教学（2）：40-45.

许子东，1986. 陀思妥耶夫斯基与张贤亮——兼谈俄罗斯与中国近现代文学中的知识分子"忏悔"主题 [J]. 文艺理论研究（1）：44-55.

臧棣，2014. 海子诗歌中的幸福主题 [J]. 文学评论（1）：204-214.

张德禄，1994. 语言符号及其前景化 [J]. 外国语（6）：9-14.

张德禄，1999. 韩礼德功能文体学理论述评 [J]. 外语教学与研究（1）：43-49.

赵丹，2015. 中国现代文学中"典妻"题材作品的主题流变 [J]. 汕头大学学报（人文社会科学版）（1）：40-45.

赵宁，2001. 恶魔主题在俄国文学中的嬗变 [J]. 河南大学学报（社会科学版）（3）：72-78.

后 记

在本书的写作和修改过程中,虽有众人襄助,然而著者学识有限,书中舛谬着实难免,敬请读者赐教。

本书的编辑敬铃凌老师,以其专业的编辑能力和出色的专业知识,对书稿进行了全面的审查和修改。她提出的修改建议,使得书稿的概念表达更加清晰,格式更加统一,文献目录更加规范。在此,我们向敬铃凌老师表达深深的敬意和诚挚的谢意。

著 者